KT-503-108

LA TOURAINE
insolite

C.L.D.

42, av. des Platanes
37170 CHAMBRAY

JEAN-MARY COUDERC

LA TOURAINE
insolite

première série

C.L.D.

PREFACE

Nous sommes tous attirés par ce qui sort de l'ordinaire. Etant adolescent, j'ai étanché ma soif de curiosités aux sources du fonds littéraire, historique et folklorique régional. A mon tour, j'offre aux jeunes de tous âges, un éventail de l'insolite local. Cet ouvrage est destiné aux esprits curieux et aux promeneurs aptes à observer les curiosités sur le terrain. L'histoire tourangelle regorge de faits insolites, mais nous avons préféré privilégier ici le naturel ou l'ethnographique parce qu'éphémère ou menacé de disparition rapide.

Il me souvient qu'ayant environ 14 ans et goûtant à la liberté que me procurait la bicyclette, j'allai visiter les Danges de Sublaines. Posté sur le plus haut de ce qui me paraissait être un tumulus, je me sentais à la fois déçu de ne rien connaître de ces buttes (en dehors de leur rôle légendaire de délimitation des territoires respectifs de Clovis et d'Alaric) et impatient qu'on ne les ait point encore fouillées. Elles le furent en 1962 et ont donc disparu.

L'archéologie est, comme la biologie et l'ethnographie, l'une des aventures que l'on peut vivre en Touraine en 1989. Qu'un de nos prédécesseurs, J.-M. Rougé, ait emmagasiné les curiosités et prolongé l'insolite en ne fouillant point, par exemple, le " camp de Brenne ", auquel une étude archéologique aurait sans doute fait perdre une partie de son mystère, doit m'amener ici à lui rendre hommage.

Lors d'un arrêt du " petit train " — le chemin de fer à voie étroite qui reliait Tours à Rillé-Hommes (gare de La Fuye) —, j'ai été frappé, alors très jeune, par la pierre du Pas de Saint-Brice. Pendant de longues minutes ponctuées par la vapeur s'échappant régulièrement de la locomotive, je regardai, quelque peu aba-

7

sourdi, ce bloc de pierre dont ma mère venait de me dire qu'on y voyait la trace du pas de saint Brice... Qu'on ait conservé ainsi les traces d'un grand homme disparu dût me paraître une découverte à la fois insolite et passionnante. A la faveur d'autres voyages, revoir ce bloc et ces lieux que je croyais alors tout à fait isolés, avec au loin cette petite ferme et ces pins qui plantaient un décor si différent des seuls horizons que je connaissais : Tours ou la grande plaine dénudée de La Briche, devant ma maison d'école de Rillé, me fascinait. Je dus, de ce premier contact avec l'aventure, garder quelques stigmates que, plus tard, la visite en solitaire des souterrains du château de Betz renforça. Il en est des impressions d'enfants comme des blessures de l'âge adulte, on n'en guérit jamais vraiment... Que ce modeste viatique permette donc à nos lecteurs de se plonger plus avant dans l'aventure tourangelle.

1

Jeux
de la nature

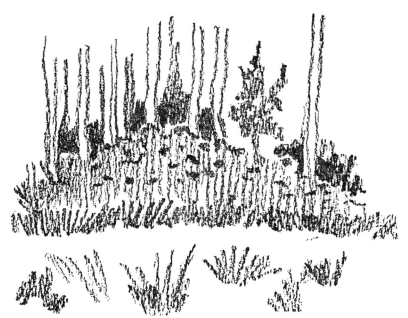

butte tourbeuse à Beaumont-la-Ronce

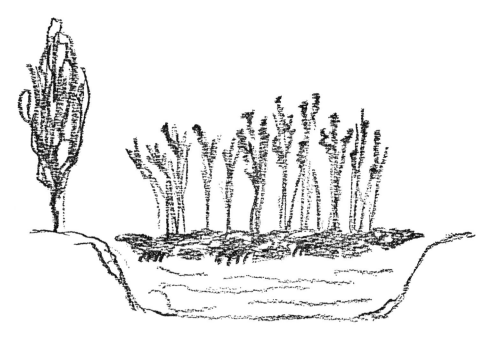

coupe d'une tourbière

DES BUTTES ENIGMATIQUES
DANS LES MARAIS DU LONG
ET DE L'ESCOTAIS

L'histoire commence par une piste archéologique prometteuse, mais tout à fait insolite, et se termine par une découverte dans le domaine des sciences naturelles. Un archéologue, le regretté Jean-Guy Sainrat, cherche une motte féodale jadis signalée par le marquis de Beaumont, en contrebas de Lencloître, sur la commune de Beaumont-la-Ronce... Il aperçoit dans le marais bordant le Long une série de buttes en forme de tumulus, formées non de terre, mais de mousses humides et de tourbe. Il s'en ouvre à moi, et nous voici tous deux intrigués. Nous sommes dans une zone où C. Godefroy avait trouvé des pieux dans la tourbe (il avait même parlé de cité lacustre), et je savais qu'on n'avait pas signalé en France l'existence de marais plus ou moins calcaires où se seraient trouvées des buttes naturelles, bien circonscrites, de quelques mètres de long et de 1 à 1,50 mètre de haut. Les tourbières, dites « bombées », occupent au contraire de vastes espaces en milieux acides.

Nous allons donc sur place, en contrebas du château de Montifray. Après avoir contourné le petit étang par le nord, nous découvrons la prairie humide où s'individualisent des buttes bien vertes, occupées par des espèces végétales recherchant l'humidité. Dans cet automne sec, des flaques d'eau se rencontrent au pied et même au sommet de certaines d'entre elles. Pas de doute, on y enfonce : elles sont formées de tourbe accumulée par des mousses et des plantes hygrophiles. L'une des buttes mesure une dizaine de mètres de long ; une autre s'élève jusqu'à 1,50 mètre. Rien à voir avec des tombes, mais quel est ce phénomène ?

11

Notre enquête nous amène à la découverte, en contrebas de la ferme de La Ronce, d'une étonnante série de buttes, posées comme des pustules d'un jaune-vert sur une prairie verte descendant en pente douce vers un petit affluent du Long. Avec l'accord du fermier, nous décidons d'en couper une par le milieu. Avec B. Randoin, J.-G. Sainrat et M. Hubert, nous constituons une équipe d'archéologues et de géographes-naturalistes : de la tourbe, toujours de la tourbe noire et suintante, rien qui soit lié à l'homme. Visiblement, l'eau monte dans la partie centrale et retombe lentement du sommet. Intéressé par la tourbe que nous pouvons extraire pour fumer ses champs, le fermier nous amène bientôt une remorque-plateau avec son tracteur pour que nous puissions la déverser directement dedans. Cette communauté d'intérêts et le travail créent des liens ; cela permet la conversation et l'enquête. L'agriculteur, appuyé contre son tracteur, répond aux questions que nous lui posons entre deux pelletées. Depuis qu'il s'est installé dans cette ferme, après la guerre, il a vu croître ces buttes au sommet desquelles les vaches boivent par les étés très secs ; on ne peut mettre le terrain en labour à cause des sources ; on voit d'ailleurs qu'il a été anciennement cultivé avec des ados pour écouler l'eau. Aucun doute, à chaque butte correspond un sourcin, mais le mécanisme de leur formation n'est toujours pas clair.

Il dit avoir détruit des buttes : certaines se sont reformées en quelques décennies (mesurant maintenant 1,20 mètre), d'autres non, et leur emplacement est parfois dangereux : il est obligé de les entourer de fil de fer barbelé pour éviter que les vaches ne s'y enfoncent. A l'un de ces endroits qui sert de dépotoir, il a amené avec son tracteur, un bloc de 700 kg qui a été complètement avalé. En écoutant cela, nous hésitons à descendre plus avant dans notre sondage... Il nous emmène sur place : un lieu totalement anodin, une tache circulaire de mousses hygrophiles. Il nous dit qu'avec un petit arbre ébranché il a sondé sans toucher le bloc. Nous allons chercher une lourde tige de bois, la dressons non sans mal et nous l'enfonçons jusqu'à 2,50 m sans rencontrer de résistance. Lorsque nous la ressortons, elle est couverte d'une boue d'un blanc-gris immaculé. A cet endroit, nous sommes dans des limons calcaires lacustres. Il y a donc là un chenal vertical de quelques décimètres de diamètre, et l'on comprend qu'il ait pu servir de dépotoir ; dans la butte que nous avons coupée, nous avons d'ailleurs trouvé des branches de coudrier et de genévriers qui n'existent plus de nos jours dans les parages.

Depuis, nous avons trouvé d'autres buttes au bord du Long, sur toute la traversée de la commune de Neuvy-le-Roi et jusqu'à celle de Bueil. Entre-temps, nous avons été rendre visite à un propriétaire de Saint-Paterne qui a fait creuser un étang en contrebas de La Raguennerie, sur un minuscule affluent du ruisseau de la Luenne. Dans ce marais, la pelleteuse a mis au jour et détruit, sous une butte de ce genre, un cuvelage de bois enfoui sous deux mètres de tourbe, d'où la possibilité d'une datation au carbone 14 qui, malheureusement, n'a pas été réalisée. Ce cuvelage, formé de palplanches de chêne encastrées à l'aide de coches à mi-bois, délimitait un trapèze de 90 × 100 cm. Cet aménagement d'une source (à des fins domestiques ou religieuses ?) était vraisemblablement gaulois ou gallo-romain (un site romain se trouve à 70 m). Derrière l'étang que les sources remplirent très vite, on peut encore voir quatre buttes intactes et aujourd'hui soudées, élevées d'environ 3 m au-dessus du terrain avoisinant. Lorsqu'il neige, le sommet des buttes ne gèle pas ; l'eau arrive de la profondeur, plus chaude que l'air. Du tuf (concrétions calcaires friables) s'y forme au pied des plantes dont certaines sont très intéressantes sur le plan botanique : orchidée élevée, orchis incarnat, grassette vulgaire et grassette du Portugal (plantes carnivores), la parnassie, la linaigrette à feuille large, etc.

A Saint-Paterne comme à Beaumont, on se trouve, sur le plan géologique, en bordure d'anciens lacs remplis de sédiments calcaires. L'eau coule au travers des argiles à silex constituant les versants et vient buter contre les limons calcaires imperméables du bassin, constituant des nappes captives. Ces dernières, en charge l'hiver, deviennent partiellement artésiennes (cf. « *Les puits artésiens de la Varenne de Tours* ») : la pression, alors plus forte, amène l'eau à affleurer. Les mousses qui colonisent ces milieux humides, jouent un grand rôle en permettant une remontée capillaire de l'eau (à l'intérieur des mousses ou entre leurs tiges), mais qui ne s'exerce pas au-delà de 1 m à 1,50 m, d'où la hauteur limite des buttes.

Lorsque nous avons évoqué ces phénomènes dans un colloque international, seul, un collègue belge avait décrit une butte semblable dans la vallée de la Houille en Ardenne, et il nous en a signalé une en France, à Vittoncourt, en Moselle. C'est donc un phénomène rarissime, et ces buttes mériteraient une protection stricte, alors que depuis quatre ans la réalisation de plans d'eau de loisirs en a déjà fait disparaître plusieurs, tant à Beaumont-la-Ronce qu'à Saint-Paterne.

LE CHENE DE CHEILLE

Imaginez un chêne, un gros chêne sortant du flanc de l'église du village, à 2,50 mètres au-dessus du sol, à la base du clocher carré du XIIIe siècle, entre deux contreforts séparés d'environ 2 mètres. Le tronc sort obliquement du massif de pierres, se redresse, et l'arbre atteint presque la hauteur du clocher. Il continue de croître, d'écarter la fissure d'où il a jailli, au point qu'on a dû construire un muret de soutènement et couper deux grosses racines.

Il atteint peut-être deux cents ans, et l'on peut se demander pourquoi on l'a ainsi laissé pousser ?

— Par hasard ? On aurait laissé croître un jeune chêne qu'on n'aurait plus voulu couper soit parce qu'il était devenu une curiosité, soit plutôt parce qu'il participait du sacré en jaillissant de l'église.

— Pour des raisons religieuses ? Serait-ce, quoiqu'on n'ait aucun indice, un arbre investi d'un symbole religieux comme les « arbres à loques » ? On appelait ainsi des arbres voués à un saint guérisseur, situés dans un lieu saint ou près d'une source miraculeuse ; on y accrochait des objets appartenant à un malade pour qu'il recouvre la santé. Bon connaisseur de la Touraine, E. Millet désignait ce chêne (*Itinéraires de Touraine* II) comme un arbre *porte-prières*.

On sait que la tradition des arbres sacrés, d'origine gauloise, s'est maintenue jusqu'à nos jours et parfois à travers la religion chrétienne qui les a consacrés au même titre que les sources guérisseuses. Ainsi le vieux chêne d'Allouville, en Normandie, comporte-t-il deux chapelles aménagées dans son tronc. On notera, dans les landes de Cravant, la survivance du culte païen de la fécondité qu'évoque l'appellation du « chêne de la Mariée ». Un jeune chêne de la Mariée a d'ailleurs officiellement remplacé l'ancien, décrépit, et abattu il y a une quinzaine d'années. Ceci montre que de tels arbres sont remplacés même s'ils n'ont pas de « descendance ». Tel a été le cas du « chêne de la Mariée » de Bois-Rahier (l'actuel parc de Grandmont) que la tradition faisait remonter aux druides et qui avait d'abord été baptisé « chêne de Notre-Dame ». Une ronde menée par la dernière mariée de l'année, le Mardi de Pâques, s'y déroulait en présence du curé de Saint-Avertin. Nous connûmes le dernier « chêne de la Mariée » de Grandmont qui se trouvait non loin de la route menant actuellement du lycée à la route de Poitiers. Il fut abattu en même temps que le château pour la construction de la cité scolaire.

COMMENT MARCHER SUR LES EAUX DANS LA COMMUNE DE PERNAY

A 13 km au nord-ouest de Tours, non loin des limites de la commune de Saint-Roch, il y a quelque part, dans une forêt sombre où les mardelles (mares naturelles à sec l'été) abondent, une trouée de lumière... Lorsqu'on approche, point de champ, de friche ou de coupe forestière, mais un étrange spectacle : au-delà d'un fossé en eau, un bas tapis de bruyères, parsemé de bouleaux morts, insolite dans la forêt sombre et humide. Les bruyères poussent sur un curieux plancher de mousses en coussins qu'on appelle des sphaignes. Sauterait-on brusquement le fossé périphérique, large de 1 à 3 mètres, que l'on basculerait dans l'eau. C'est que le plancher est instable parce qu'il flotte ! C'est un très grand radeau de mousses non ancré aux rives d'un lac qui, sur les bords, risque donc de basculer sous votre poids. Le cheval de l'ancien propriétaire s'y enfonça un jour jusqu'au ventre et ne put en être retiré qu'à grand-peine.

15

Cette clairière correspond à des radeaux de sphaignes qui ont, peu à peu, occupé l'essentiel de la surface, des « tremblants », comme on dit dans les sites comparables du Massif Central. Le lac a été peu à peu masqué par une couche de mousses qui s'est épaissie au point que bruyères et bouleaux s'y sont installés, faisant courir leurs racines dans la partie superficielle, moins humide, la rendant ainsi plus solide.

Pour nous qui, avec un naturaliste, avons étudié cette tourbière d'un type très rare en Touraine, nous avons appris à marcher sur ce plancher instable. Il faut y aller franchement mais pas brutalement et s'arrêter aux endroits les plus stables ; le radeau ondule alors sur l'eau et fait balancer les bouleaux qui oscillent à plus de 5 m devant soi. Il faut aussi savoir reconnaître les endroits les plus dangereux où l'on risquerait de passer à travers le tapis de mousses. Ils sont occupés par les linaigrettes, plantes dont les fruits s'entourent, l'été, d'un toupet cotonneux (l'herbe à coton, disent les Anglais). On peut traverser les 95 m de longueur de la tourbière ou, plus difficilement, les 40 m de sa largeur (car le centre-nord est instable) sur un radeau de 20 à 70 cm d'épaisseur, reposant au-dessus de plusieurs mètres d'eau brun-noirâtre, riche en matières organiques. La profondeur maximale est de 3,50 mètres.

Vous voudriez bien savoir où cette tourbière se trouve ? Hélas ! Comprenez que cet espace, en domaine privé, doit être tenu à l'écart des foules. Nous y avons de surcroît trouvé des plantes rarissimes pour le Centre-Ouest de la France : la sphaigne jaune-brun et la linaigrette gracile. Transigeons donc : je vous donne l'emplacement du second site tourangeau comparable où nous avons trouvé une espèce de sphaigne totalement inconnue en Région Centre et qui a besoin d'être rapidement connu et protégé. C'est « La Fosse Piqueuse », une tourbière située dans un espace public : le Bois de Chambray, au sud de la clinique du Parc et à l'est de l'allée. La tradition dit qu'une charrette et le charretier sont restés prisonniers de la mare. Celle-ci se présente comme une mardelle arrondie avec un fossé annulaire occupé par de vieux saules. Celui-ci entoure une bombement central de sphaignes flottantes qui monte l'hiver, dans la cuvette, à la faveur des pluies et qui s'affaisse lors des étés secs. Il est toutefois préférable de ne pas vous risquer à y marcher !

...tte tourbeuse des prairies marécageuses
: La Ronce à Beaumont-la-Ronce (hauteur :
50 m ; diamètre : une dizaine de mètres).
...stule vert-jaune de mousses spongieuses
tache de fleurs dans une prairie séchée
...r l'été... (Cl. M. Magat).

Le chêne de l'église de Cheillé. S'agit-il, analogue au crapaud diabolique vomi par le saint homme, du rejeton d'un arbre sacré témoignant de la pérennité d'un paganisme que l'Église aurait voulu faire disparaître, ou n'est-ce qu'un chêne préservé parce qu'émergeant des entrailles du lieu saint ? (Cl. M. Magat).

DU SANG DANS LES FONTAINES

A La Chapelle-Blanche-Saint-Martin, en un lieu proche de la commune de Vou, coule une fontaine Saint-Martin, jadis objet d'un pèlerinage, où l'on voit encore, dit-on, le sang que perdit l'apôtre des Gaules lorsqu'il fut frappé par des voyageurs.

A deux pas de la Touraine, à Monthou-sur-Cher, d'après une légende locale, saint Lié fut attaqué par une bête féroce. Sa tête ayant violemment heurté le sol fit jaillir un source dont les cailloux sont depuis teintés de sang. D'autres disent que, laissé pour mort par des moines jaloux qui l'avaient copieusement bastonné, il se lava à la fontaine, y recouvra ses forces mais que, depuis, on peut voir son sang s'agiter dans le bassin. On dit encore que le saint se serait tout simplement blessé au doigt en coupant du gui au-dessus de la fontaine : déformation due aux païens ou tradition fidèle ? La même tradition ajoute, ce qui est conforme avec la réalité scientifique, que depuis cet accident, les cailloux qu'on y jette se tachent peu à peu de sang du bon saint Lié.

Les fontaines teintées de sang constituent une tradition assez classique. A 1,5 km de Brioude (Haute-Loire), sur la route de Clermont, se trouve la fontaine Saint-Julien. Ce saint eut la tête tranchée à Brioude, en août 304, par les soldats de Crispinius, et on dit qu'ils lavèrent sa tête dans la fontaine, d'où la couleur rouge des pierres du bassin.

L'imagerie populaire a donc associé depuis longtemps les pierres tachées de rouge, présentes dans le bassin de certaines fontaines, à du sang humain, de préférence celui des martyrs qui ont laissé leur nom à des sources guérisseuses. Ces traces de sang sont dues à des algues rouges qui colonisent les cailloux et les branches de certaines sources calcaires. La plupart sont des algues incrustantes dont une propriété est de passer du rouge au vert selon les conditions du milieu où elles se développent. Ceci explique que, selon certaines légendes, le sang ne réapparaisse que périodiquement. Ces algues incrustantes appartiennent à la famille des Rhodophycées. Dans la fontaine Saint-Lié à Monthou, on a déterminé l'espèce *Hildenbrandia rivularis*. Nous n'avons pas personnellement observé de pierres rouges dans la fontaine Saint-Martin, mais on sait que les pigments verts de ces algues masquent parfois les pigments rouges. Les pierres revêtues de ces algues deviennent rouges lorsqu'elles sèchent, après avoir été retirées des fontaines : nous en avons fait l'expérience aux sources de la Doué à Courçay où se trouve une algue du genre *Hildenbrandia.*

Par ailleurs, on rencontre parfois des algues gélatineuses rouges, et ce sont elles qui ont dû donner leur nom aux « Fontaines Rouges », un kilomètre à l'est du bourg d'Esves-le-Moûtier. Les eaux sortent en bordure du lit de la rivière par un bassin profond, d'autant plus impressionnant que la visibilité est devenue médiocre avec la pollution d'origine agricole. A chaque époque sa marque : le sang des saints est remplacé par des algues filamenteuses liées aux nitrates.

2

Géologie insolite

L'INOCERAME GEANT DU TUFFEAU

Il existe, dans une ancienne carrière souterraine de Cinq-Mars-la-Pile, qui s'est un temps nommée la « Grotte aux Arts » à une époque où on y faisait des expositions artistiques et des présentations de fossiles, la valve géante d'un fossile ressemblant à une huître. Mesurant environ un mètre de long, elle est visible, sur sa face interne, au plafond de la cave. Il s'agit d'un inocérame : coquillage marin bivalve. C'est l'ancêtre du « jambonneau de mer », sorte de grande moule d'une cinquantaine de centimètres de long et d'une trentaine de centimètres de large que l'on trouve, par quelques dizaines de mètres de fond, en certains points des côtes de la mer Méditerranée.

Habituellement, l'espèce *Inoceramus labiatus*, que l'on trouve dans la craie dite d'Amboise, ne mesure que quelques centimètres de long, rarement dix. On trouve son moulage interne en calcaire ou les valves nacrées de sa coquille. Elle ressemble à une huître avec, à l'intérieur, la zone d'attache du muscle et les cernes de croissance. Toutefois, l'extérieur de la coquille n'est pas rugueux car il est fait d'une juxtaposition de lamelles. C'est le fossile dominant de la craie à chaux d'Amboise, de Ports et de Marcilly-sur-Vienne et des collines du Richelais.

Avant sa découverte vers 1970, on ne connaissait que cinq exemplaires complets d'inocérames géants provenant de la vallée de la Loire, tous au muséum d'histoire naturelle de Paris. Celui de Cinq-Mars-la-Pile semble être le plus grand. Il était intact à l'instant de sa découverte ; seuls quelques fragments de coquille tombés ont été recueillis. Ce coquillage, un des plus grands lamellibranches qui ont jamais vécu, a disparu depuis 50 millions d'années. C'était le géant des mollusques, aussi grand que le bénitier actuel. Il se tenait dans les fonds marins boueux, tranquilles. Un élément du patrimoine géologique de la Touraine à conserver jalousement quand on sait, par exemple, que tous les poissons fossiles trouvés dans la carrière du four à chaux d'Amboise ont été perdus pour la science !

D'ETRANGES BOULES DE PIERRE DANS LES FALUNS

A la fin des années soixante : le médecin de Saint-Paterne, passionné d'outils préhistoriques et de fossiles, me dit avoir rencontré, chez un patient de Sonzay, une curieuse boule de plusieurs décimètres de diamètre, faite de couches concentriques de concrétions calcaires. Un œuf de dinosaure en Touraine ?... La piste remontait jusqu'à un carrier de Couesmes qui officiait, entre Channay et Saint-Laurent-du-Lin, dans une falunière (carrière de sables coquilliers marins non consolidés).

En janvier ou en février 1968, par un gel à pierre fendre, je me rends à la carrière à environ 1 200 mètres du bourg de Channay, sur la gauche de la route de Saint-Laurent. Le carrier est dans sa cahute : une remorque de camion en tôle, ma foi bien chauffée... Visage buriné, rouge et lumineux ; accent des territoires du nord-ouest... et une prunelle de fabrication maison au chaud derrière le poêle en fonte. J'apprends qu'il a déjà trouvé une dizaine de boules dans cette carrière, toutes au sein d'une poche d'argile ocre qui atteignait parfois un mètre cube. L'argile signale les boules à son attention. Nous allons à son domicile en voir un certain nombre ; elles mesurent entre 30 et 50 cm de diamètre.

Je m'en ouvre au géologue G. Lecointre qui ne les connaissait pas ; je lui en donne des fragments. Il en parle à un de ses collègues du muséum d'histoire naturelle de Paris qui en fait une coupe. Entre-temps, j'examine plusieurs boules intactes ou cassées, et j'apprends que quelques autres ont été trouvées dans d'autres falunières, mais toutes dans la même zone. Très lourdes, ces boules sont ovoïdes, rarement parfaitement rondes ou allongées, composées de couches concentriques de calcaire gris à surface ocre, noduleuse, avec des interstices parfois notables entre deux couches. Un vide plus ou moins grand (25 cm de diamètre parfois) occupe toujours la partie centrale. C'est apparemment le fossile d'une algue en chou-fleur, à squelette calcaire, vivant dans les eaux marines à faible profondeur. Elle vit encore dans l'Océan Pacifique. On s'explique donc sa répartition étroitement liée à l'ancienne ligne de rivage de la mer des faluns qui, il y a quinze millions d'années, passait à cet endroit. Une fois identifiées, ces boules ont perdu de leur mystère et de leur intérêt.

DES GOUFFRES EMISSIFS

Si les gouffres sont peu nombreux en Touraine (citons celui des Entonnoirs, près de Charnizay, et celui de La Barillère ou gouffre des Fosses, au Petit-Pressigny), la circulation des eaux en profondeur dans les calcaires est importante du fait de leur épaisseur, y compris jusque sous la centrale atomique d'Avoine. Des rivières sortent toutes formées des calcaires de Champeigne, comme la Truyes qui surgit sous les maisons du bourg du même nom. D'autres réapparaissent après s'être enfoncées en terre par une perte, comme la Duie à Saint-Paterne (source et cascade du Breuil) et la Rouère à Montrésor. Un effondrement d'une voûte permet parfois à des eaux de surface de rejoindre un cours souterrain, ainsi à Saint-Paterne, au Moulin-Fondu, en aval de la perte du Gravereau. Le nom rappelle qu'un moulin entier se serait effondré là, lors de la formation de la cavité ; de fait, on voit encore ce qui apparaît comme un bief entaillé au flanc du coteau et plus rien en aval. L'entonnoir du Moulin-Fondu est déjà impressionnant avec, au fond, trois trous cailouteux où l'on entend et où l'on aperçoit même, l'hiver, l'eau de la Duie qui passe sous le flanc du coteau ; il avale d'ailleurs une partie des eaux de crue qui inondent parfois le vallon.

Beaucoup plus inquiétants sont les gouffres appelés « émissifs », c'est-à-dire qui recrachent d'énormes volumes d'eau après en avoir absorbé un peu comme celui du Rocher à Charnizay, ou qui vomissent soudain des eaux dans un lit à sec, comme le puits de la Cave, à Azé, en Vendômois.

Le gouffre du Rocher apparaît béant à deux pas d'une ferme et au bord de son chemin d'accès, au nord-ouest du bourg de

Charnizay. De bord à bord, l'entonnoir mesure une quizaine de mètres et sa lèvre orientale atteint environ 6 m de hauteur. Son bassin est très réduit puisqu'il est situé sur une pente ; or, en période de pluie, il se met à déborder en quelques heures et, dès que la hauteur d'eau atteint 3 mètres, il coupe l'accès de la ferme et parfois la route ! C'est qu'en périodes très humides, lorsque la nappe du calcaire local et les conduits souterrains sont engorgés, l'eau remonte par le gouffre.

A Azé, dans le vallon de Beaulieu, le puits de la Cave, situé lui aussi dans le bas du versant, paraît moins dangereux parce que l'entonnoir est beaucoup plus modeste (3 mètres de profondeur), mais l'absence totale de végétation sur les graviers humides qui tapissent la cuvette centrale montre qu'il crache souvent. En période de fortes pluies, quand la nappe souterraine de la vallée voisine du Boulon (qui ressort aux résurgences d'Azé) a fait le plein à partir de la sinistre perte aux eaux troubles appelée « Le Gouffre », à Danzé, l'eau jaillit du puits sans prévenir. Comme on sait localement que ses eaux ont 24 heures d'avance sur celles qui envahissent le fond de la vallée sèche voisine (entre Le Gouffre et Azé), les habitants savent que la vallée sera bientôt inondée et que 0,80 mètre d'eau peuvent couper la route à La Roulière, en amont d'Azé, où une passerelle pour piétons a été construite en prévision de la crue.

LES CHAMPIGNONS DE TUF

La fontaine Saint-Marc au nord du bourg de Chaumussay, dont l'eau passa longtemps pour guérir les fièvres, coule pendant une vingtaine de mètres dans une rigole sur une pente assez forte, puis débouche dans un grand bassin. L'eau tombe d'un curieux appendice en forme de tête de chameau qui avance de plus de 1,50 mètre au-dessus de la vasque. C'est un champignon de tuf : une concrétion calcaire très lentement formée par l'eau. En sortant de terre, l'eau n'a pas creusé une rigole ; ce sont les bords de la gouttière primitive qui se sont peu à peu exhaussés, donnant l'impression que l'eau a entaillé la roche.

champignon de tuf de la fontaine Saint-Marc

coupe et vue de dessus
d'un champignon de tuf
(Courçay)

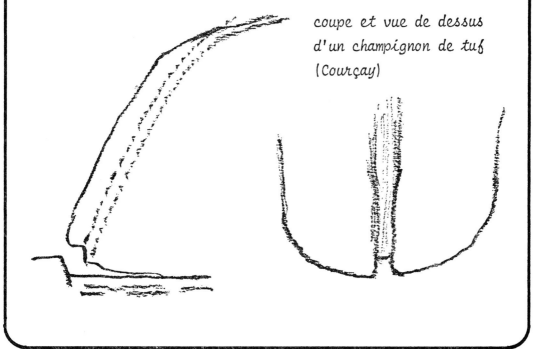

Sur toute une portion du joli sentier de la Doué à Courçay, les eaux sortent du pied de la falaise et certaines au fond de rigoles profondes du même type. On y trouve aussi de grands champignons de tuf aux endroits où les eaux tombent en cascade en gagnant l'Indre, mais on ne les voit pas car ils se trouvent dans la propriété de la Doué.

A Esvres, sur le bord même de la petite route gagnant Saint-Branchs et longeant la rive gauche de l'Echandon, on rencontre, non loin du moulin de Perrion, sur la pente forte du versant forestier, un ensemble de sources et de cascatelles aux eaux calcaires se réunissant dans le fossé. Les plus importantes d'entre elles ont formé un caparaçon de tuf revêtu de mousses et d'hépatiques : plantes ressemblant à des algues et rampant sur la paroi humide.

Lorsque l'eau circule sous terre au sein des roches calcaires et que l'atmosphère contient beaucoup de gaz carbonique, elle se charge de calcaire en solution. A chaque fois que le taux de CO_2 baisse dans les réseaux souterrains, se forment des dépôts de calcite (carbonate de calcium) comme, par exemple, les stalactites des grottes. Lorsque cette eau sort de terre sous forme de fontaines souvent abondantes (la source de la Truyes par exemple, au sein du village du même nom), la baisse du taux de gaz carbonique peut amener une précipitation de tuf : un calcaire poreux et léger, beaucoup plus friable que les concrétions calcaires des bouilloires. Il se fixe en grandes quantités au pied des cascades ou sur les fontaines dont l'eau est très agitée. Le plus important champignon de tuf de France est sans doute celui de la cascade du Réottier, près de Guillestre (Hautes-Alpes). D'épaisses masses de tuf encombrent les vasques de certaines fontaines au point qu'il faut périodiquement les nettoyer. C'est une des curiosités d'Aix-en-Provence, mais on peut voir le même phénomène, en proportion moindre, dans les vasques des fontaines du jardin public de Loches et de la station de parasitologie du parc du château de Richelieu. Le tuf est recouvert de plantes (mousses, hépatiques et algues) qui, en captant le CO_2 de l'eau, contribuent à la précipitation du calcaire. Elles s'encroûtent elles-mêmes de calcite au point d'en mourir et sont alors remplacées par des jeunes. Ceci explique la légèreté et la friabilité de la roche.

A la fontaine de Chaumussay, le nez du chameau correspond à la zone de croissance la plus rapide du fait de la colonisation par des mousses fixatrices de calcaire, de la zone la plus humide : l'écoulement central. Les bajoues sont formées d'excroissances sinueuses recouvertes d'hépatiques et d'autres espèces de mousses moins exigeantes en humidité ; l'humidité y étant moindre, la croissance du tuf y est beaucoup plus lente.

3

Curiosités végétales

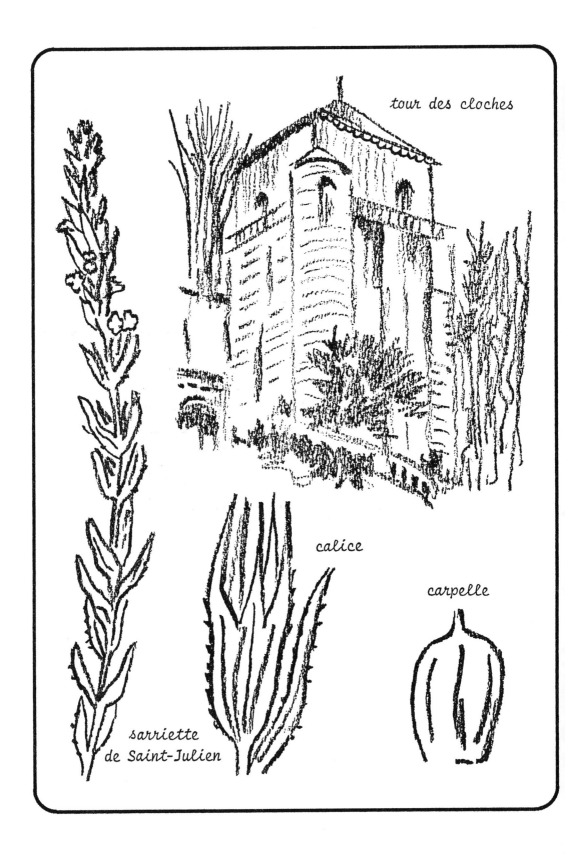

tour des cloches

calice

carpelle

sarriette
de Saint-Julien

LA SARRIETTE DE SAINT-JULIEN

C'est une toute petite plante de 30 cm maximum appelée *Micro-meria juliana* (L.) Bentham, une labiée (la famille de la menthe) naturalisée depuis fort longtemps sur les murs de la vieille abbaye de Marmoutier. Originaire de la région de San Giuliano Terme en Toscane, elle a probablement été amenée par les moines pour leur jardin des simples d'où elle s'est ensuite échappée. Les sarriettes ont de nombreuses qualités médicinales et culinaires.

On peut même penser qu'elle a été introduite en France à la période où les papes étaient en Avignon, puisque son unique station, en dehors de Marmoutier, correspond aux rochers proches d'Avignon.

C'est une plante aux nombreux rameaux gris, pubescents, avec de petites feuilles et de toutes petites fleurs purpurines, fleuries en août-septembre. Le plus curieux, c'est qu'à Marmoutier nous ne l'avons jamais vue sur la falaise calcaire dominant l'abbaye. Elle n'est présente que sur les murs, comme si elle trouvait dans le mortier des conditions chimiques particulièrement propices. On ne la trouve guère que sur le portail ouest (12 pieds), en compagnie de l'hysope, sur le chaperon du mur de la clôture nord et sur les corniches des façades sud et est de la Tour des Cloches où la chaleur est intense l'été. Elle a disparu du chaperon du mur de la clôture ouest qui vient d'être refait. Une année où l'on « nettoya » la tour avec des herbicides déversés du haut des balcons, elle faillit bien disparaître.

Espérons désormais qu'on prendra en compte ce précieux patrimoine et que les botanistes en herbe ne la cueilleront pas pour enrichir leurs collections, d'autant qu'elle est facile à photographier.

LE MARAIS DU MAUPAS A CHEILLE

Lorsque, partant d'Azay-le-Rideau, on pénètre dans la forêt domaniale de Chinon par la grand-route, celle-ci coupe un profond vallon. C'est le vallon du Maupas, probablement un ancien « mauvais passage » : un marais où l'on s'embourbait sur le chemin médiéval. Ce vallon chargé d'histoire, où l'on peut rechercher les traces de l'ancienne chapelle de la Vaunoire et de l'enceinte gauloise du Maupas, est très intéressant sur le plan botanique. A l'amont, il se divise en deux branches : le vallon du ruisseau d'Agnès Sorel, à l'est, aux eaux non permanentes, et celui du ruisseau, pérenne dans sa partie aval, de la Doie : terme évoquant des eaux sortant de terre. En effet, ce sont des sources sortant du calcaire au pied du versant qui soutiennent son débit ; la plus importante se trouve au nord de la route de Chinon.

Lorsqu'on gagne le fond du vallon entre la route forestière de Dunois et la route de Chinon, on découvre un marais forestier. Les espèces végétales y trahissent un milieu plutôt calcaire, alors que le ruisseau a des eaux acides qui arrivent de la forêt. C'est que, dans sa partie en aval, le ruisseau, après avoir incisé les argiles à silex, attaque le niveau du tuffeau jaune. Il recoupe des circulations souterraines formant des fontaines à la base du versant de la rive droite. Comme le fond du vallon a été colmaté par des alluvions, il est à la fois humide et légèrement calcaire, d'où un marais colonisé par des aulnes et des grandes laîches (*Carex pendula*).

Le groupement végétal est intéressant par ses espèces : ail des ours, fougère des marais, fougère des chartreux, parisette à quatre feuilles (rare en Indre-et-Loire), mais aussi par sa dynamique. On est en présence d'une forêt humide fonctionnant naturellement, sans que l'homme intervienne. Les vieux aulnes qui s'effondrent sont, comme dans la forêt vierge, aussitôt décomposés par des champignons et des micro-organismes. Il est visible que l'aulnaie ne se renouvelle pas ; on ne voit que des rejets poussant au pied des troncs et pas de jeunes. C'est qu'un facteur du milieu a changé ; le terrain s'est vraisemblablement exhaussé, provoquant un assèchement. Les vieux aulnes sont remplacés par une forêt de jeunes coudriers. Des troncs morts encore debout

Monstre buvant dans la profondeur d'un marais ? Créature bonasse et moutonniforme ? Insecte à toison ? Simplement une excroissance de tuf en contrebas de la fontaine Saint-Marc à Chaumussay. Une carte postale du début du siècle permet de juger de l'accroissement considérable de ce champignon de tuf depuis cette date (Cl. M. Magat).

*Cette boule de pierre est un témoignage de
la vie primitive sur les plages tourangelles,
il y a 15 millions d'années (Cl. M. Magat).*

servent de garde-manger aux pics, et les chevreuils viennent brouter les groseillers sauvages. Une chaîne alimentaire originale fonctionne ici, domaine idéal pour des « leçons de choses » à l'usage de la jeunesse. Ce marais mériterait d'être mis en réserve pour éviter d'être détruit car, il y a quelques années, une cinquantaine de mètres de la partie proche de la grand-route, a été transformée en peupleraie.

Le vallon du ruisseau d'Agnès Sorel est occupé par un sentier de randonnée et de découverte qui parcourt une belle hêtraie. A l'aval, on rencontre une plante peu fréquente : l'isopyre à feuille de pigamon, et des saules marsaults hauts de dix mètres !

Le vallon de Maupas avait déjà perdu beaucoup, vers 1932, avec la destruction du magnifique chêne qui se trouvait sur le plateau, au-dessus de la rive gauche. Ce géant, qui avait 8 m de circonférence, mourut brûlé : on y mit le feu en voulant chasser un essaim de guêpes...

LE GINGKO FEMELLE
DU JARDIN DE LA PREFECTURE

Dans la partie publique du jardin de la Préfecture à Tours, un *Gingko biloba* ombrage la statue d'Anatole France. Pourquoi, me direz-vous, s'intéresser à ce jeune arbre alors que le jardin des Plantes de la ville abrite, à proximité de la porte centrale, un sujet de la même espèce qui passe pour être le second en France, en âge et en taille, après celui du jardin botanique de Montpellier ? C'est à cause de son sexe...

Il faut d'abord que vous sachiez que le gingko, originaire de Chine et du Japon où il n'existe plus à l'état sauvage, est un fossile vivant. C'est une plante archaïque qui se distingue par un feuillage insolite : le limbe de ses feuilles est en éventail, arrondi ou échancré au sommet. Cette forme de feuille était sans doute courante, il y a une dizaine de millions d'années... époque depuis laquelle le gingko, resté inchangé, se souvient des formes oubliées. C'est un conifère particulier par sa sève non résineuse et ses feuilles caduques qui, en automne, prennent la couleur de l'or.

Leur pétiole est fixé sur un petit rameau écailleux auquel s'attachent les fruits sur les sujets femelles.

Comme pour l'if, le genévrier et le chanvre, il y a, en effet, des sujets mâles et des sujets femelles, mais ces derniers sont fort rares. La nature n'équilibre-t-elle point les sexes ? Si !... Mais l'homme ne supporte pas l'odeur de leurs fruits charnus et ovoïdes, d'aspect pourtant appétissant ; ginkgo veut dire en japonais : « abricot d'argent ». Tombées à terre, ces petites prunes dorées deviennent gluantes au point de rendre les routes glissantes et dégagent une odeur inqualifiable. Imaginez ce qu'il y a de plus fétide : un remugle qui porte au cœur. C'est à ce point que nombre de Tourangeaux ont, pendant des décennies, imputé, en septembre-octobre, les odeurs repoussantes de ce secteur du boulevard Heurteloup aux urinoirs jouxtant le magasin du fleuriste, alors que les fruits de notre gingko, tombés sur les pelouses de l'autre côté des grilles, en étaient les producteurs exclusifs.

Lorsque le Mikado, en visite en France en 1864, vint en Limousin, à Saint-Sulpice-Laurière, saluer les ouvriers japonais qui travaillaient à la construction du chemin de fer, il offrit douze sujets mâles à la ville. Ils ornent aujourd'hui la cour de la gare. Le facétieux Marcel Proust mettait un fruit dans sa poche quand il allait dans une soirée dont les hôtes ne lui plaisaient pas... A sa grande joie, une suspiscion générale en détruisait l'harmonie. Les « arbres aux quarante écus », surnom qui leur fut donné après l'achat, en Angleterre, des premiers sujets introduits en France en 1788, deviennent fréquents dans nos parcs : on peut en voir deux dans le jardin des Prébendes d'Oë et trois dans le jardin des Plantes, dont un femelle.

LE FILARIA DE LA RUE BALESCHOUX

Prenez la rue Baleschoux en partant de la rue des Halles et en allant vers Saint-Martin. Après le carrefour de la rue Richelieu, sur la gauche, vous pouvez voir un arbre au feuillage vert foncé, luisant, adossé à une maison et dont le tronc clair jaillit du trottoir. C'est un filaria à feuille moyenne (*Phillyrea media* L.) : un arbre méditerranéen à feuilles persistantes, coriaces, à écorce fine, qui ne pousse pas à l'état spontané dans notre région, même

Port du gingko

feuilles de gingko

tronc du filaria, rue Baleschoux

si on le rencontre, vers le nord, jusqu'au département de la Vienne. On ne le trouve pas dans les jardins de Touraine, et il est ici particulièrement élevé (plus de 7 mètres) pour une espèce à laquelle les flores attribuent la hauteur maximale de 4 mètres.

Cet arbre, de la famille de l'olivier, a pu être planté dans le jardin ou la cour de l'ancien Bureau de Bienfaisance municipal qui se trouvait, avant-guerre, à l'angle de l'actuelle rue Baleschoux. L'immeuble a disparu et l'angle a été redressé ; l'arbre subsiste dans un renfoncement qui n'a pas été touché par la percée de la rue Richelieu. La reconstruction a parfois épargné des arbres jadis situés dans des jardins ou des cours. D'autres arbres se sont développés à la faveur du bouleversement des terres dus aux bombardements. Ceux-ci ont libéré beaucoup de calcium ou de nitrate issus des mortiers des anciennes demeures ; ainsi le bel ailante du Japon qui se trouve dans la pointe engazonnée entre les rues de la Fuye et Edouard-Vaillant, était-il, à la fin de la guerre, dans la cour d'un immeuble démoli depuis.

Le tronc de ce filaria, qui dépasse 30 cm de diamètre, a la particularité d'être incisé longitudinalement d'une profonde crevasse dont les lèvres se prolongent en deux grandes branches. Celles-ci s'écartent puis se rejoignent immédiatement pour se souder totalement et se séparer à nouveau, délimitant ainsi un losange à la base du houppier. C'est un arbre au bois à grain serré et à croissance lente, aussi doit-il être âgé. Voilà une curiosité végétale qui mérite une protection attentive d'autant qu'on vient de lui couper des branches sans raison apparente.

LES CHENES DE LA RONDE AUX ESSARDS

Au sud de l'ancien champ de foire des Essards et au nord de l'étang Milon, dans les grandes landes de Saint-Martin, au cœur des pinèdes, on peut voir les ruines d'une ferme dans une ancienne clairière... En 1774, cet isolement permit à des brigands errants de rançonner le fermier comme en témoigne une lettre écrite au propriétaire par un habitant du village : « La présente est pour vous donner avis que votre maison de la Ronde est actuellement assiégée par une troupe de colins, ils sont au nombre de six ; ils mettent votre fermier à contribution depuis plusieurs jours et paraissent déterminés à continuer... votre fermier est dans un très grand embarras, il ne peut pas les mettre hors de chez lui. »

Or, il y a encore deux témoins vivants de cette friponnerie. Ce sont les chênes de la Ronde : deux vieux chênes pédonculés très branchus. L'espèce et leur port indiquent qu'ils ont poussé dans une haie. Le premier, à la corne d'un étang, a manifestement été taillé en têtard dans sa jeunesse, d'où ses branches très régulières (l'une a été coupée le 13/9/86) et sa grosseur exceptionnelle : il mesure 6,50 mètres de tour à 1,50 mètre de haut. Depuis plusieurs siècles avant notre époque, et peut-être dès le XVIe siècle, la clairière était une zone cultivée (et probablement bocagère). Aujourd'hui, elle est entièrement boisée.

Le second chêne se trouve à 750 mètres au nord-ouest à vol d'oiseau du premier, au sud-ouest de la grande clairière du champ de foire, à l'est du chemin menant à La Rapinerie. Il est un peu plus jeune et moins gros mais a des branches tout aussi régulières. On trouve des indices semblables d'une occupation du sol (des arbres anciens de taille respectable) dans le bois du Mortier à Monnaie. Au sud-ouest de la route de Monnaie à Nouzilly, au-dessus de la rive gauche du ruisseau de l'Orfrasière, on rencontre un très vieux hêtre (essence devenue rare en Gâtine). De l'autre côté de la route, à l'ouest d'une ancienne carrière située au-dessus du confluent du ruisseau de l'Orfrasière et du ruisseau de la Bornechère, on peut voir un très vieux chêne aux branches tourmentées bordant un sentier de chasseurs.

Ces vieux arbres isolés constituent un patrimoine archéologique et des témoignages précieux pour la reconstitution de l'histoire du paysage tourangeau. C'est grâce à un vieux cormier que nous avons retrouvé les restes d'une ancienne ferme dans le Bois du Mortier. Le Boissay n'est plus que quelques tas de pierres moussues, mais le cormier planté par le dernier fermier se porte bien. Vers 1880, sans doute à sa prise de bail, le fermier avait, selon une coutume tourangelle, planté un cormier pour ses enfants. Plus tard, ceux-ci pourraient faire de l'eau-de-vie avec ses cormes, et le petit-fils remplacerait les moyeux de sa charrette avec son bois. Le destin en décida autrement et la ferme fut abandonnée ; mais la pensée du fermier lui survit encore.

Raretés animales

UN PHOQUE DANS LA LOIRE

Du 3 ou 9 septembre 1975, la presse locale et nationale se fit l'écho de la remontée d'un phoque dans la basse Vienne (jusqu'à Pouzay), puis dans la Loire jusqu'à Blois. Là, il fut pris en photographie couché sur une barque de pêche où il vint fréquemment se prélasser, mais il fut constamment dérangé, en particulier par des pompiers qui essayèrent de l'attraper (on se demande bien pour quoi faire ?).

Sur le plan humain, de pareils événements donnent lieu à d'intéressants (et insolites...) comportements. Rien n'en rendra mieux compte que la première partie de l'article de Jean-Louis Boissonneau paru dans l'édition du Loir-et-Cher de la « Nouvelle République du Centre-Ouest », le 9 septembre 1975.

REMONTE DE CHINON A BLOIS, "LE" PHOQUE POURSUIT SA VISITE AQUATIQUE DU VAL DE LOIRE

BLOIS. De mémoire de Blésois, on n'avait jamais vu ça ! Un phoque dans la Loire... Les appels téléphoniques affluaient au commissariat de police et à la caserne des pompiers. La S.P.A. était alertée. Pour un peu, on aurait sonné la Préfecture et le Ministère de la Qualité de la Vie.

Ramené à ses justes proportions, l'événement se présentait sous la forme d'un animal d'environ deux mètres de long, affectant toutes les apparences d'un phoque de bonne famille, moustaches comprises.

Avec la grâce et l'élégance propre à ce genre de mammifère, il évoluait nonchalamment à la surface du fleuve ou plongeait entre deux eaux, laissant derrière lui un long sillage grâce auquel on pouvait suivre sa progression mystérieuse.

Se souciant du public comme d'une guigne, il veillait simplement à se tenir à distance respectueuse des deux rives. D'heure en heure, la foule devenait plus dense le long des parapets. Les automobilistes ralentissaient, baissaient une vitre, interrogeaient, anxieux : "Qu'est-ce que c'est ?" On leur répondait : "C'est un phoque !" Tête de l'automobiliste...

La situation paraissant sortir de l'ordinaire, les pompiers furent mandés. On ne sortit point la grande échelle, mais il s'en fallut de peu. Lorsque les dévoués sauveteurs apparurent sur les berges, le phoque s'était hissé sur une barque ancrée au milieu du fleuve. Allongé sur la plate-forme arrière, il prenait béatement un bain de soleil.

C'en était trop : nantis d'un vaste filet, les pompiers embarquèrent à bord d'un "zodiac" à moteur. Mais le phoque ne reconnut point dans cet esquif la silhouette familière des kayaks esquimaux. Vaguement inquiet, il se laissa glisser dans l'onde.

Vers 10 h 30, une autorité quelconque décida que les pompiers avaient mieux à faire qu'à s'occuper des phoques. Les voitures rouges repartirent vers leur caserne. Peu après, le phoque réapparut et se hissa de nouveau sur la barque.

Il y avait là quelque chose de troublant. On consulta la législation fluviale et maritime. On étudia la jurisprudence (peu bavarde en la matière). Finalement, on tomba d'accord sur le fait qu'aucune loi n'interdit à un phoque de naviguer en Loire. Et que le mieux qu'on avait à faire, c'était de le laisser tranquille. Ce qu'on fit.

Si la remontée d'un phoque aussi loin dans un fleuve est exceptionnelle, c'est un fait naturel. En 1879, un couple de phoques veau-marin remonta la Loire aux rives alors englacées jusqu'aux environs d'Orléans où il fut tué. On en a plusieurs fois signalé en Basse-Loire, près de Nantes en particulier. On a signalé des faits similaires sur la Garonne, la Dordogne, l'Oder et le Rhin. En avril 1948, de nombreux curieux assistèrent aux évolutions d'un phoque dans le Rhin, à Kembs, en Alsace. On en a retrouvé des restes dans les sites préhistoriques de la grotte de La Madeleine et de l'abri Castanet (Dordogne) et, dans le sud-ouest, les hommes préhistoriques l'ont représenté plusieurs fois (à Isturitz, Brassempouy, Duruty, Gourdan, Montgaudier, Tejat,

La Vache, etc.). Vers 1897, on en poursuivit un dans la Gironde, près de Blaye et, peut-être même dans la Dordogne, près des ponts de Cubzac, un autre dans le secteur de Blaye dont la tête et le dos brun, le ventre blanc, la longueur d'un mètre et les cris aigus font penser à un phoque veau-marin. Enfin, en août 1975, quelques jours avant celui de la Loire, un phoque veau-marin remonta la Garonne jusqu'à Agen.

Contrairement à ce qui a été écrit après les observations, les photographies du phoque de la Loire et le témoignage du commandant de la brigade de gendarmerie de l'Ile-Bouchard qui l'observa à Parçay-sur-Vienne, font penser beaucoup plus à un phoque gris (*Halichoerus grypus* Fab.) qu'à un phoque veau-marin, à cause de son museau assez long et de sa taille. Cette détermination nous a été confirmée par le Docteur R. Duguy, spécialiste français des phoques, qui avait noté que l'animal vu à Blois le 9 septembre devait être le même que le phoque vu dans la Loire, à Anetz (Loire-Atlantique), dans les premiers jours du même mois. Le commandant de la brigade de gendarmerie et le Docteur J. Charrier qui le vit à Blois près de deux semaines et demie couché le matin et le soir sur son bateau amarré au quai Aristide-Briand, penchent pour une longueur de 2,50 m. Le veau-marin n'atteint pas 2 m ou tout juste. Enfin, sa couleur « noir ou gris très foncé » milite tout à fait en faveur d'un phoque gris femelle. Il partait dans la journée vers la réserve de pêche du lac de Loire où il devait se nourrir et revenait le soir sur sa barque jusqu'au jour où il disparut brusquement. Une colonie de phoques gris se maintient toujours à Ouessant, et on les aperçoit périodiquement sur toute la façade atlantique française. On dit qu'ils pénétreraient dans les grands fleuves en poursuivant des saumons, mais sans doute aussi d'autres proies (mulets de mer ?) puisqu'il n'y a plus de saumons en août et septembre.

Voici ce qui pourrait être la première observation d'un phoque gris en Loire. Décidément, notre grand fleuve nous réserve des surprises ; qui oserait dire qu'il n'est point un fleuve sauvage ?

43

COMMENT DES CIGOGNES NOIRES
EN VINRENT A NICHER EN TOURAINE
ET EN FURENT CHASSEES

En 1973, une rumeur se répand dans la vallée de la Roumer : un couple de cigognes noires niche dans la forêt, sur la commune d'Avrillé-les-Ponceaux. Imaginez notre surprise... Cet oiseau n'est présent qu'en Europe orientale, à l'est d'une ligne allant de la Pologne au lac Balaton, excepté en certains points d'Andalousie et d'Allemagne de l'Est. C'est un oiseau forestier qui niche au sommet de grands arbres au sein des forêts épaisses. Il possède, comme la cigogne blanche, les pattes et le bec rouges, mais son plumage est d'un noir brillant à reflet verts sombre sauf sur le ventre et le dessous de la queue qui sont blancs. En 1975, on découvre dans une pinède, au sommet d'un vieux pin, le nid de cet animal farouche.

Les oiseaux sont aperçus un peu partout, se nourrissant dans les marais des landes de Saint-Martin et de Cravant, sur les bords de la Loire et de la Roumer. Les ornithologues ne veulent point ébruiter la chose, mais certains viennent observer et photographier les oiseaux. Et puis le maître des lieux décide d'exploiter sa forêt ! Des contacts sont pris : il consent à laisser un certain nombre d'arbres autour de celui qui porte le nid à condition qu'on les lui paye.

Une démarche est entreprise auprès de la Ligue pour la Protection des Oiseaux pour qu'elle les achète. Toutefois, lassé d'attendre, le propriétaire procède à la coupe, épargnant toutefois l'arbre portant le nid. Hélas, le bruit et la coupe font fuir les oiseaux qui ne reviennent plus.

La Touraine a perdu beaucoup puisque c'était la première nidification de cigogne noire enregistrée en France (on a signalé la seconde un peu après dans le Jura). Depuis quelques années pourtant, les cigognes noires sont revenues... mais dans les épaisses forêts de l'est de l'Anjou. En 1988, on enregistre trois constructions de nids, mais les oiseaux sont dérangés et seul un petit abandonné est nourri par des ornithologues. La dernière qui fut aperçue près de Seiches autour du 15 août 1988, était peut-être un oiseau européen en migration vers l'Espagne. Dernières nouvelles de l'année 1989 : des cigognes noires sont présentes dans les forêts de la région de Bourgueil où elles risquent fort de nicher...

LE BOUVARD DANS LA VIENNE

La Vienne, avant la construction du barrage du Bec-des-Deux-Eaux ou barrage des Maisons Rouges entre Nouâtre et Ports, connaissait la remontée de plusieurs espèces de poissons migrateurs : saumon, lamproie de mer et fluviatile, alose finte (la fausse alose) et alose commune. Quand on feuillette les photographies du livre de M. Legrand (« Au fil de l'eau »), on est proprement ébahi de voir la taille des saumons que l'on prenait couramment sur la Vienne et la Creuse tourangelles, en amont de leur confluent. Ils disparurent en quelques années, à partir de 1920, à cause de la mise en chantier d'un petit barrage.

On y avait dépensé près d'un million pour une échelle à poissons. On y avait même installé une lampe de 500 watts pour éclairer le chemin. Conception d'ingénieurs, travail de bureau. Aucun poisson ne voulut jamais y passer... Dans ce barrage de Maisons Rouges qui a 4 m en cote normale, si le déversoir qui se trouve sur la rive droite avait été construit en pente plus douce avec un seuil bien lisse et arrondi, je suis persuadé qu'il aurait suffi à assurer la montée du saumon par temps de crue. Mais l'échelle avait été établie du côté opposé, près de l'usine (M. Legrand).

La construction, en 1923, du barrage d'Eguzon condamna toutes les remontées de saumons dans la Creuse. Au barrage du Bec-des-Deux-Eaux, après six décennies et plusieurs tentatives infructueuses, on a enfin installé avec succès une échelle à poissons fonctionnelle. Les saumons ne passaient plus le barrage qu'épisodiquement et seulement en périodes de fortes eaux où ils le franchissaient sans emprunter l'échelle. Voici que, depuis 1986, plusieurs gros saumons ont pu, grâce à la nouvelle échelle, remonter frayer en Gartempe.

Nous souhaitons que les aloses puissent faire de même. En effet, celles-ci, ne pouvant que rarement franchir la chute, étaient condamnées à frayer au pied du barrage. Jusqu'en 1985, la Fédération de Pêche autorisait leur pêche avec une ligne et un appât métallique pendant la période de fermeture. Pour avoir découvert cette pêche avec mon grand-père, je fus de ces heureux pêcheurs qui, au mois de mai, gagnaient les rives de la Vienne, à l'amont du village de Marcilly. Nous voyions émerger les rayons du soleil à travers les langues de brouillard ouatant les prairies, ou bien décliner la lumière sur les blanches falaises de Ports. Au charme du paysage, s'ajoutait l'insolite : les sauts nombreux des aloses en train de frayer se succédaient parfois sans discontinuer. Un bruit... et l'on voyait en un éclair l'animal sorti de toute sa longueur au-dessus de l'eau ; on entendait alors dans l'air le coup de queue qui lui permettait de se retourner pour regagner son élément la tête la première. Tout cela n'avait duré qu'une fraction de seconde...

Les sauts se succédaient excitant les pêcheurs et, certains jours, les prises s'amoncelaient dans les bourriches. L'alose commune, de plusieurs kilos parfois, n'était capturée qu'au filet. Les pêcheurs au lancer se contentaient du « coverau » (mot local désignant l'alose finte), appelée ailleurs « couvert » ou « vérot ». Lorsqu'un choc brutal et des vibrations répétées indiquaient que dame alose avait sauté sur votre cuiller à bar et s'était accrochée, gare ! Il fallait maintenir le fil tendu car un premier saut et parfois un deuxième, avec retournement complet, lui permettaient souvent de s'échapper. On voyait instantanément l'animal jaillir, se retourner, et la cuiller s'éjecter de sa bouche comme un blanc météore. Le tout s'accompagnait de l'amerture que laisse un espoir déçu. Quand, maîtrisé et rapidement épuisé, l'animal arrivait vers vous, il fallait le maintenir d'une certaine façon pour éviter que son ventre dur et rapeux ne vous entaille la peau ; on aurait alors cru tenir une lime entre les doigts. Cette carène ventrale, formée d'aspérités en dents de scie dirigées vers l'arrière, est une caractéristique de la famille des aloses, comme le manteau nacré à reflets verdâtres.

Si la grande alose est « décorée » d'une grosse tache bien marquée et éventuellement de deux plus petites et moins vives, l'alose finte en comporte de six à douze. Or, à partir de 1964,

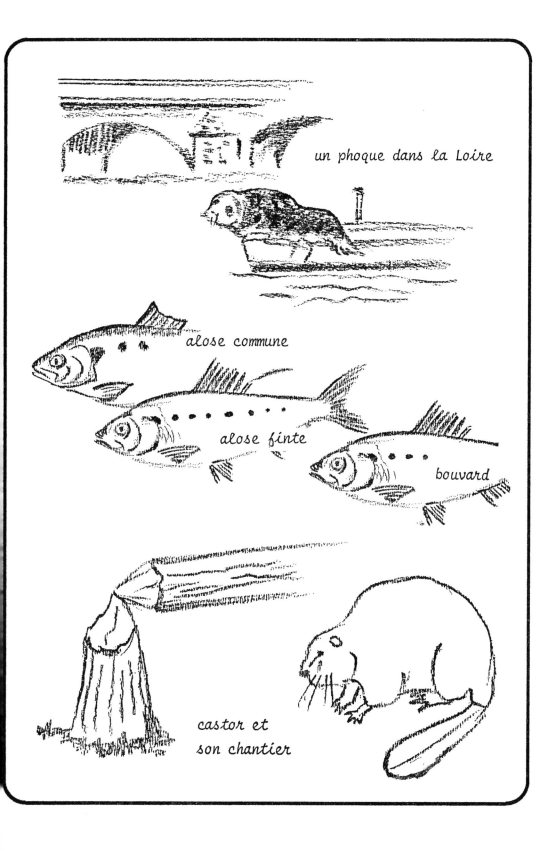

un phoque dans la Loire

alose commune

alose finte

bouvard

castor et
son chantier

nous remarquâmes que nous prenions, parfois en série, des sujets plus gros (de 1 000 à 1 300 g) avec des reflets roussâtres et quatre à cinq taches. En 1967, dans une " *Ichtyogéographie de la Touraine* ", nous émettions l'hypothèse d'un hybride entre la grande alose et la finte, d'autant que les pêcheurs au filet de la Loire évoquaient une alose particulière qu'il appelaient « bouvard ». Depuis ce travail essentiellement fondé sur des enquêtes, les spécialistes du Conseil Supérieur de la Pêche, qui ont fait des pêches électriques au niveau du barrage, notent, depuis quelques années, un troisième type d'alose qu'ils considèrent comme un hybride.

La Vienne, la plus poissonneuse de nos grandes rivières, a perdu une partie de sa qualité piscicole et connaît une diminution de ses populations de poissons. Souhaitons qu'on ne refasse pas, sur la Creuse ou la Vienne, l'erreur d'installer de nouveaux petits barrages qui, pour des profits médiocres, condamneraient la remontée de migrateurs qu'on a eu tant de mal à maintenir ou à restaurer.

LE CASTOR DE LA LOIRE

Saviez-vous que le castor européen (*Castor fiber* L.) vit sur la Loire tourangelle depuis 1979 ? Il est possible d'observer l'entrée et le toit de branchages des terriers de ces nouveaux hôtes, de voir leurs traces dans la vase et les arbres qu'ils abattent et qu'ils rongent. C'est un animal essentiellement nocturne mais, avec beaucoup de patience et de chance, vous pouvez entendre, la nuit, le claquement caractéristique d'une queue plate tapant à la surface de l'eau : façon pour notre sympathique rongeur de donner l'alarme et de signaler votre présence.

Il avait disparu depuis longtemps mais a été réintroduit par la Société d'Etude et de Protection de la Nature du Loir-et-Cher, entre avril 1974 et juillet 1976. Prélevés sur le Rhône, treize individus ont été relâchés, au crépuscule, sur un terrier artificiel construit sur une île de la Loire, ou directement dans le fleuve, entre l'amont de Blois et Avaray, en limite du Loiret. Très vite (1979), on nota leur présence éphémère dans la vallée de la

Le castor : gros animal surpris lors d'une
de ses rares sorties diurnes au bord de la
Loire (Cl. Larigauderie).

Le phoque sur l'avant de son bateau à Blois
(Cl. Dr P. Charrier).

A gauche, silure de près d'un mètre de long et d'une douzaine de livres pris dans la Loire à Saint-Cyr en août 1986. A quand des silures de près de 2 m comme celui de droite, pris dans la Seille, affluent de la Saône (Coll. J.-F. Martin) ?

Roumer, puis sur la Loire à Mosnes où l'on trouva un castor adulte agonisant en août 1980. D'autres indices ont été recueillis à Mosnes en décembre 1980. Il y a maintenant une cinquantaine de sujets dans la région Centre et des indices de leur présence sur presque tout le cours de la Loire, dans les départements du Loiret, du Loir-et-Cher et dans une grande partie de l'Indre-et-Loire. L'animal est présent à Lussault, au Bec-de-Cisse, dans les îles de Montlouis et de Saint-Patrice ; beaucoup d'individus sont toutefois plus ou moins erratiques.

Le castor de Loire, comme tous les castors d'Europe, ne fait pas (ou très rarement) de barrages ; il construit des terriers-huttes dans les îles et sur les hautes berges. Sa demeure comprend cinq parties. Il y pénètre par un tunnel d'accès, souvent recouvert de longues branches, qui peut atteindre plusieurs mètres de long et qui s'ouvre en général sous l'eau. Ce tunnel débouche dans une salle où l'animal essuie sa fourrure et mange des rameaux. Celle-ci communique avec la chambre d'habitation où la famille dort sur une litière de copeaux régulièrement renouvelée. La température y varie peu ; on compte plusieurs bouches d'aération en différents endroits de la demeure. La vapeur qui en sort l'hiver signale qu'elle est occupée. Le sommet du terrier est surmonté d'un capuchon de branches rayonnantes qui l'isole du froid et de la pluie. Il existe parfois un tunnel de sortie au-dessus de l'eau ; on voit alors, l'hiver, dans la neige, les « rampes » que font les animaux en gagnant le fleuve. Les « chantiers » (lieux ou l'animal abat des arbres) se trouvent à peu de distance du terrier. Les saules, peupliers et frênes y sont rongés en biseau ou en pointe de crayon, à une hauteur de 10 à 20 cm du sol. Les castors se contentent parfois d'écorcer de jeunes arbres. Ils mangent les écorces, les bourgeons et le bois de cime.

Une famille de castors comprend de 4 à 8 individus : le couple et les jeunes de l'année (3 au maximum), les jeunes d'un an et les jeunes de deux ans. Malgré un taux de reproduction faible, la réintroduction a été une réussite. L'animal est d'ailleurs l'emblème de la Société pour l'Etude, la Protection et l'Aménagement de la Nature en Touraine.

L'ARRIVEE DU CHASSEUR D'AFRIQUE

Si vous connaissez les régions méditerranéennes, vous savez qu'on y rencontre des oiseaux merveilleux par leurs coloris ; ainsi le rollier, le merle bleu ou le guêpier. Il est encore plus émouvant d'observer dans nos régions un de ces individus ayant quitté (on se demande pourquoi ?) sa Méditerranée natale. Si de telles observations sont rares, elles se produisent plus fréquemment que par le passé. Ainsi vit-on un rollier, en juin 1983, à Monnaie et, en juillet 1983, en Champeigne (probablement le même) et, quelques années avant, une glaréole à collier sur les rives du Lac de Rillé !

Mais qu'au lieu d'une observation accidentelle vous ayez la chance d'observer, pour la première fois en Touraine, la nidification d'une espèce méridionale, quelle joie ! C'est le privilège de tous les ornithologues et pas nécessairement chevronnés.

C'est ainsi que deux deux guêpiers d'Europe nicheurs ont été observés, en juin 1987, au bord de la Loire, quelque part entre le pont de Cinq-Mars et le pont de Langeais, à un endroit où, dans les alluvions, une falaise avec des lits de sable fin leur permit de creuser leur nid. En effet, comme l'hirondelle de rivage ou le martin pêcheur, le guêpier niche dans un terrier fort long qu'il creuse avec son bec à une vitesse comprise entre 8 et 30 cm par jour selon le matériau. Sombre et bien curieux habitat pour un oiseau en habit de lumière habitué des rives de la Méditerranée. Il arrive d'Afrique avec le soleil et la sécheresse, et il repart dès que se raréfient les insectes dont il se nourrit.

On en avait déjà observé quelques couples en Brenne, dans les années septante, pendant plusieurs saisons successives, mais ils ne revinrent pas. Les nichées ne réussissent pas quand l'été est trop humide.

Imaginez une flèche multicolore aux ailes pointues, au bec fin, recourbé vers le bas, et à la queue prolongée au centre par deux longues plumes. Notre oiseau est roux sur les épaules, bleu sous le ventre, jaune sous le cou et dans le dos, c'est pourquoi on lui donna, en Afrique du Nord, le surnom de chasseur d'Afrique, militaire dont il paraissait arborer les couleurs. Il possède enfin une aile beige dessous, ourlée de noir à l'arrière. Il attrape au vol des insectes, frelons et bourdons en particulier. Le couple tourangeau a été vu battant des ailes, planant, se précipitant à toute vitesse sur un insecte et plongeant pour le dépecer à terre ou le porter à ses petits. En juillet, ils étaient partis, et nous ne savons pas si les nichées ont été menées à bien. Ces rayons de soleil ne sont pas très farouches ; ils se perchent sur les fils ou sur les arbres et s'appellent avec des cris très courts et fréquents. On a remarqué qu'ils ne sortaient que lorsque le soleil brillait ! Notre climat est rigoureux pour les guêpiers aventureux.

Voilà, vous savez tout et vous pourrez les observer s'ils reviennent, mais attention : à distance. Il ne faut pas séjourner devant les terriers car, au fond de la longue galerie horizontale, cinq à sept ventres affamés attendent leur pitance.

UN MONSTRE DANS LES EAUX DE LA LOIRE

« Nous jetons aujourd'hui un cri d'alarme contre le silure glane. Il faut prendre des mesures immédiates contre ce carnassier. Il faut interdire cet indésirable dans toute la France ou c'est la fin de la pêche sur la plupart de nos cours d'eau de deuxième catégorie. Ce serait accepter de voir disparaître la faune piscicole mais aussi des oiseaux et autres animaux vivants sur les cours d'eau et plans d'eau. Ce serait la catastrophe écologique à brève échéance » (M. Hamelin, Secrétaire général de l'Union des Pêcheurs bourbonnais ; extrait de « La Montagne » du 18 février 1989).

Vous allez penser : « Ce sont là propos excessifs, le Bourbonnais c'est loin et en quoi cela intéresse-t-il la Touraine ? » L'Allier traverse le Bourbonnais et se jette dans la Loire... En 1982, on a pêché en Loire tourangelle de curieux petits poissons-chats allongés, à très longue nageoire anale, de couleur grise parfois très claire et marbrée. En octobre 1985, pour la première fois, une pêche électrique faite à Port-Plat, commune d'Ingrandes-de-Touraine, a permis la capture d'un sujet de cette espèce, pesant

6 g pour 9,5 cm de long. En 1986, à Saint-Cyr-sur-Loire, un pêcheur en capturait un d'une douzaine de livres et de près d'un mètre. En juillet 1987, à Bréhémont, on en signale un de 20 livres, un autre de 22 livres et, à la fin de l'année, un de 28 livres. En 1988, on cite des 30 et 32 livres, et le pêcheur professionnel Rabin en a pris un de 40 livres dans les eaux chaudes de la centrale électro-nucléaire de Saint-Laurent. En pêchant l'étang de Goûle (Cher) en novembre 1988, on en capture deux de 60 et 47 kg (1,90 m et 1,70 m). L'inquiétude gagne certaines personnes et la « Nouvelle République du Centre-Ouest » du 4/11/1988 sort un article dont le sujet est : « Sur le front des silures ». Serait-ce la guerre et que nous réserve 1989 ? D'où vient-il, que mange-t-il et jusqu'où va-t-il grandir ?

Le silure glane est un poisson de toute l'Europe Centrale et, plus près de nous, du Danube et du Rhin. En fait, il est depuis toujours dans le Doubs en très petites quantités ; il n'y atteint pas le poids monstrueux de ses frères de l'Est : 306 kg pour un silure du Dniepr, pris en 1973, et mesurant 5 m de long. Si l'on en parle beaucoup depuis peu, c'est que les pisciculteurs en ont introduit petit à petit dans leurs étangs et que de là ils ont gagné les rivières. Ainsi en 1966, un propriétaire de la Bresse en a-t-il acheté 29 ; deux ans plus tard, il aurait rejeté, dans un affluent de la Seille, 20 silures de 200 g... la rumeur assure que, campé au-dessus du déversoir de son étang, il aurait déclaré : « *Ils feront parler d'eux un jour.* » On pêche en effet, dans la Seille, des sujets de vingt ans mesurant 2,20 m ; en 1986, on en capture un pesant 52 kg, en 1987, un autre de 70 et une barque faillit chavirer à Louhans devant le passage d'un animal de 2,50 m. Effrayant ! Les récits se succèdent, entremêlés de rumeurs : il n'y aurait plus de poules d'eau sur la Seille, un chien a eu la patte mordue jusqu'à l'os sur le Doubs, un pompier-plongeur lyonnais en a vu un de 3 m dans la Saône, au pied d'une pile de pont. Manifestement, le poisson gagne vers l'ouest et, au fur et à mesure, les rumeurs s'enflent au point qu'un hebdomadaire national annonce, en 1988, que l'on aurait retrouvé un nouveau-né dans l'estomac d'un silure du Doubs !

Nos silures ne sont pas venus de la Saône par les canaux ; ils ont été introduits par des écloseries ou élevages de poissons

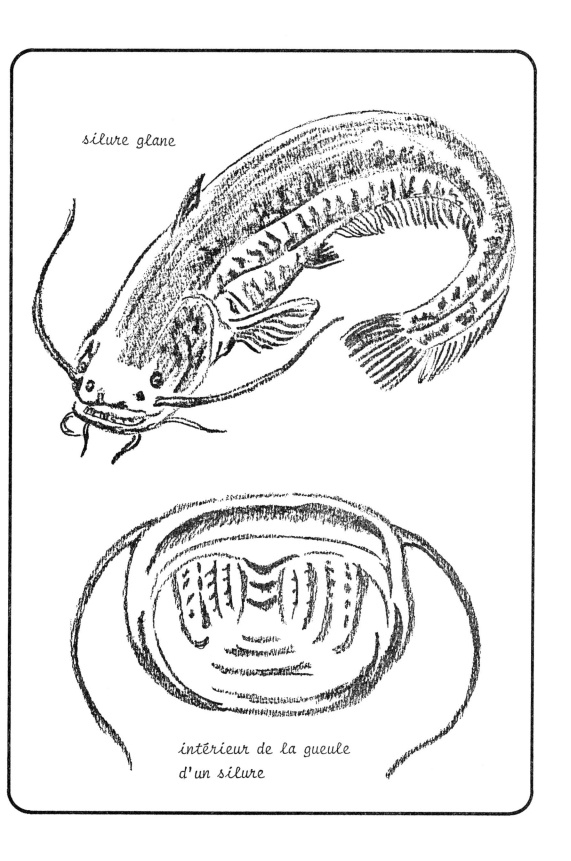

silure glane

intérieur de la gueule
d'un silure

pour faciliter la vente de nos carpes à destination des pays de l'Est. Comme c'est un poisson à la chair excellente, très prisée à l'Est, les pisciculteurs font des lots, par exemple un silure pour dix carpes, et, bien entendu, des petits silures se sont échappés des bassins. Notre enquête montre qu'il a été introduit en Sologne, en 1981 ou 1982, dans une écloserie de Brinon-sur-Sauldre ; de là, il serait passé en Loire par le Cher. Il a été ensuite introduit par deux écloseries de la Brenne (Indre). Celle de Bénavent les aurait achetés chez Heymann en Alsace. L'écloserie de La Gabrière a vu naître 2 000 petits la première année (une femelle pond 200 000 œufs), d'où une descente dans la Claise où ils ont été signalés. Par la Creuse et la Vienne, ils ont gagné la Loire où ils semblent se cantonner de préférence. On peut donc s'attendre à une invasion de toute la Loire par des poissons qui grossissent très vite. A titre expérimental, le garde-chef de la Fédération de Pêche Tourangelle en a acheté un à La Gabrière et l'a introduit à 5 ou 6 kg de poids, en 1984, dans l'étang d'Assay ; il a pris de 3 à 4 kg en 1985, de 7 à 8 en 1986 et 2 seulement en 1987 (eaux froides). « Gégène », comme on l'appelle, mange une épuisette de poissons blancs (2 à 3 kg) par semaine et toujours la nuit où l'on entend son claquement particulier de mâchoires... Inquiétant, n'est-ce pas ?

Intrigués par les proies qu'on lui prête ou qu'il est susceptible d'enfourner avec son énorme bouche ronde (mais avec de petites dents), nous avons décidé de nous livrer à une enquête historique. Ouvrons les ouvrages sur les poissons. Dans « *Les poissons et le monde vivant des eaux* », L. Roule, professeur au muséum d'histoire naturelle, écrit dans l'un de ses neuf volumes : « *Très vorace, toute prise lui est bonne, celle des oiseaux d'eau, celle du bétail aventuré sur les bords du fleuve, même celle des baigneurs imprudent.* » Etonnant ? Les riverains des fleuves d'Europe Centrale et Orientale l'accusent de nombreux et tragiques méfaits parce que sa grande taille et sa redoutable vigueur lui permettent de tout oser. Attention au futur crocodile de la Loire !

Nous avons retrouvé, dans un numéro d'« Etudes Soviétiques », de 1949, le compte rendu d'une bataille entre un sanglier qui avait pénétré dans une mare et un silure : « *Etant dans son élément, le poisson est plus fort que le sanglier, sa queue fouette l'eau et son ventre pèse sur l'agresseur pour le renverser. Le sanglier ne grogne plus, il hurle... brusquement d'un grand coup de gueule, le silure happe une patte de son ennemi et l'avale jusqu'à l'épaule.* » Des chasseurs qui observaient tueront le sanglier et ramèneront, avec sa dépouille, le poisson prisonnier. Plus qu'insolite, la scène à peine crédible fait froid dans le dos. On lit dans « *La pêche Moderne* » d'Arthur Good (1900) qu'en Hongrie le « *silure se jette sur le bétail qui veut boire pour le dévorer après l'avoir noyé* ». En 1858, on parle d'un caniche avalé à Vienne (Autriche), et l'article du « *Magasin Pittoresque* » de 1853 (p. 287-288), reprenant l'« *Histoire Naturelle des Poissons* » de Cuvier et Valenciennes, cite des séries de faits anciens et donc douteux, mais qui augurent de la réputation que le poisson va acquérir sur les rives de notre Loire :

— 1793 : deux Hongroises parties chercher de l'eau à la rivière ne sont jamais réapparues.

— 1754 : un enfant de sept ans noyé par un silure en Poméranie.

— 1700 : un paysan prend un silure de la Vistule (près de Thorn) qui avait avalé un enfant entier.

— 1613 : même chose à Bratislava (Pressburg).

On raconte même, qu'à la frontière turque, un pauvre pêcheur en prit un dans lequel il trouva le corps d'une femme, la bourse pleine d'or de la malheureuse et son anneau. Le biologiste Gmelin attribue au diabolique animal l'instinct de secouer avec sa queue, lors des inondations, les arbustes sur lesquels se sont réfugiés les animaux terrestres et de les faire tomber, ainsi que les petits oiseaux encore dans les nids... Bien sûr, tout ceci est peu crédible, mais où s'arrête la fiction et où commence la vérité ? Ce sont quand même des monstres qui se développent actuellement dans notre Loire, même s'ils ne doivent jamais atteindre le poids de ceux de Dniepr, des lacs d'Allemagne occidentale ou de Suisse. Dans le Mindelsee (lac de la région de Radolfzell), on en a pêché deux de 150 et 165 kg en 1955. En Suisse, dans le lac de Morat, on en a pris de 82 kg et plus et de 2,25 mètres de long. En 1952, une femme en prit un d'une centaine de kilos dans le lac de Neuchâtel.

Devant l'alarme des populations des rives de la Seille, du Doubs et de la Saône, le Préfet de Saône-et-Loire a fait part de ses préoccupations à Bernard Lainez du Conseil Supérieur de la Pêche, d'où une étude demandée à Louis Caillère, chercheur de l'Université de Lyon, sur l'alimentation de l'espèce.

Notre collègue a déjà enregistré la présence, dans un sujet pêché, d'un ragondin de 2,6 kg, et la forte probabilité que des canards sauvages et des renards aient été avalés. Affaire à suivre...

5

Mystères du passé

LE « CAMP » DE BRENNE

Au bois de Brenne ou Brune (on disait aussi Bran), « *il y eut une ville détruite* », disait-on jadis à Neuilly-le-Brignon. En effet, au début du siècle, on parla beaucoup de ce site découvert par J.-B. Barrault, étudié par J.-M. Rougé et L. Dubreuil-Chambardel et visité par le Congrès Préhistorique de Tours en 1910. Non loin de la limite de la commune de Paulmy, au sommet d'un plateau d'élévation modeste, alors totalement dénudé, on avait remarqué des allées de blocs siliceux rayonnant autour d'un rond-point central marqué par un cercle de pierres, au milieu duquel il y avait une dépression en eau. On parla d'un camp néolithique ou d'une station de pierre polie, car on y trouva des « livres de beurre » (blocs matrices), des haches polies et au moins deux polissoirs dont l'un à cinq rainures. J.-M. Rougé écrivit qu'une partie des blocs avait été débitée pour empierrer les chemins ; le comte de Sarrazin — propriétaire — y planta des pins et en interdit l'accès, et le site tomba dans un certain oubli.

En fait, il subsiste encore beaucoup de blocs dressés : l'alignement sud-nord, qui correspond à une allée de la forêt large de 4 m, bordée des deux côtés par un double alignement de blocs dépassant de 60 à 70 cm, l'alignement simple (ouest-est) qui longeait un ancien chemin rural à la limite du bois et des cultures, et un long alignement (sud-nord), parfois double, que l'on peut suivre dans le bois de pins situé le plus au nord ; à un moment donné, il est bordé d'une structure carrée faite de quatre fois quatre blocs. On retrouve parfaitement, au nord de la vigne et en bordure du bois, ce qui avait été considéré comme le bassin central d'où part encore un alignement de blocs. C'est une dépression, actuellement sèche, bordée de trois rangées de blocs à l'ouest et d'une seule à l'est.

Tout cela est comparable aux alignements simples ou doubles du « camp des Romains » à Cinais, occupé au Néolithique et au début de l'Age du Fer, et aux longs alignements (simples ou doubles) et aux cercles de blocs situés en plusieurs points des landes de Cravant auxquels est lié du matériel de la fin du Néolithique (2000 à 1800 av. J.-C.) (cf. l'article suivant). Pas plus qu'à Cravant, il n'y a là d'enceinte ou de camp ceinturé de fossés, comme on en trouve à Cinais où il est vraisemblablement plus tardif. A cette période charnière entre préhistoire et protohistoire, on n'éprouvait donc pas le besoin de se défendre. On ignore la signification (peut-être religieuse ?) de ces lignes de blocs qui mériteraient une étude particulière.

Le site est d'autant plus intéressant qu'on y trouve, au sud-ouest, une cabane en pierres sèches, en bon état (4,50 mètres de long et 1,80 de haut), des murs et plusieurs bases de cabanes. Le bois recèle sans doute d'autres restes dignes d'étude et de conservation et l'on sait qu'il s'agit d'une station de taille de silex : chaque labour ancien ramenait une multitude de livres de beurre. Voilà un site qui justifierait une fouille et une étude d'envergure, car on ne sait rien de ces alignements, si nombreux en Touraine, et qui disparaissent peu à peu.

ALIGNEMENTS ET CERCLES MEGALITHIQUES DES LANDES DE CRAVANT

Dans les landes de la forêt communale de Cravant, il existait, dissimulés par la végétation, de nombreux alignements simples ou doubles de blocs de pierre dressés, comparables à ceux du camp des Romains ou du camp de Brenne (cf. l'article sur ce sujet), mesurant plusieurs centaines de mètres de long et qu'on ne voyait bien qu'au moment des grands incendies. L'enrésinement d'une partie des landes, à partir de 1979, les a souvent voués à la destruction par les bulldozers. En détruisant la végétation devant eux, ils ont arraché les blocs pour en faire des tas près desquels nous avons plusieurs fois trouvé du matériel néolithique ou du début de la Protohistoire (vers 2000-1800 av. J.-C.), en particulier des pointes de flèche à pédoncule et ailerons.

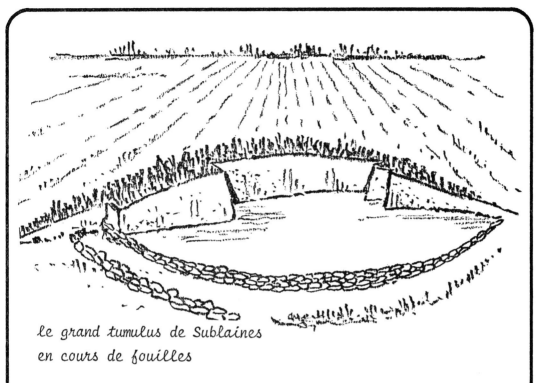

le grand tumulus de Sublaines
en cours de fouilles

urne du petit tumulus

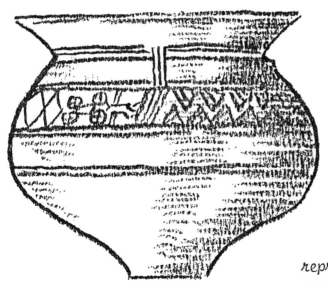

représentation d'un char
sur le bandeau de l'urne

Certes, les landes non encore reboisées conservent des blocs visibles mais difficiles à repérer au sein d'une végétation haute parfois de deux mètres ; tel est le cas de ceux du Jeu de Boules. Cette parcelle, qui devait être initialement enrésinée, a été, grâce à l'ancien maire, laissée en lande pour protéger les alignements. Une double ligne de pierres située au nord de la parcelle du Jeu de Boules a vu sa partie occidentale, de l'autre côté d'une route, détruite par les bulldozers. Il s'agit de deux alignements parallèles, distants de 6 m (ancien chemin ?) que l'on peut voir, dans la lande, sur 300 m. A cet endroit, les blocs sont espacés d'un mètre environ. De l'autre côté de la route, certains blocs de l'extrémité détruite de cet alignement atteignaient le poids de sept tonnes. Dans de l'argile jaune, adhérant encore au pied de l'un d'eux, nous avons retrouvé de nombreux éclats de taille de silex.

De tels blocs dressés se retrouvent en plusieurs endroits des landes et jusqu'au-dessus du château de Sonnay où ils furent largement détruits avant-guerre pour empierrer les chemins. A proximité du vieux château, subsistent d'autres structures parmi lesquelles des fossés et des murets qui ont fait dire à quelques auteurs anciens qu'on avait là un camp de l'Age du Fer (le « camp de Sonnay ») analogue à celui de Cinais ou du camp de Brenne.

Les amas et cercles de blocs constituent d'autres structures visibles. Un peu au nord-ouest du très vieux chêne des Hures, un gros amas, partiellement nivelé à l'emplacement d'un pare-feu, demeure bien visible. Dans les 30 m de rayon au sud, nous avons recueilli environ 300 pièces de silex taillé, des affûtoirs portatifs et un fragment de céramique ; il s'agissait vraisemblablement d'un habitat ou d'un atelier de taille néolithique ou du début de la période protohistorique. Le comte de Saint-Exupéry avait signalé (*Bull. Soc. Archéol. de Touraine*, XIII) : « *Plusieurs amas de gros rochers... l'un d'eux toutefois semble intact, il est situé entre les lieux-dits "Les Jardins" et "La Poissonnerie". Ces amas composés de cinq, dix et même trente rochers présentent tous la forme circulaire.* »

Les landes de Cravant recèlent de grands cercles de blocs que nous n'avons pu examiner, bien souvent, qu'après leur destruction comme celui de la Taille aux Pères, d'environ 25 m de diamètre. Un autre, préservé celui-là, mesure 8 m de diamètre et comporte au centre deux amas de blocs, un sondage y a montré des apports concentriques de pierres, de taille distincte, et il mériterait donc d'être fouillé. Le comte de Saint-Exupéry (*Revue archéol.*, 1900) avait, à la faveur d'un grand incendie, observé des structures semblables à l'ouest des landes de Cravant dont « *une véritable fortification semi-circulaire ayant une vingtaine de mètres de diamètre, formée par trois rangées de gros rochers mêlés, noyés dans la terre et aboutissant à un empierrement considérable en ligne droite* » avec, parfois, quelques tessons romains.

La conjonction d'un amas de pierres associé à un alignement de blocs est appelée en archéologie « queue de comète ». Cinq structures de ce type, appelées « murgers » par E.G. de Clérambault (*VIe Congrès Préhist. de France*, Tours, 1910), se rencontrent dans les bois de la Ronde à Pernay. La découverte de nombreux silex taillés alentour (pointes de lances, flèches et lames) permet de leur assigner, comme pour les alignements et les cercles de pierres, un âge de 2000 à 1800 av. J.-C. Nous avons trouvé quelque chose de similaire dans les landes et les bois dominant le château de Beugny (commune de Saint-Benoît). On y rencontre de surcroît, au-dessus de La Catinerie, toute une zone limitée par deux grandes levées de blocs parallèles. Nous avons de même décrit un ensemble de blocs dressés formant comme un dolmen sans table et construit, sur un tertre de blocs, dans un bois de Saint-Epain (*Bull. Soc. Archéol. de Touraine*, 1987). C. Coutelier a signalé, dans le *Journal des Amis du Vieux Vaujours* (1988), un cercle et un ovale de pierres (12 m × 7 m), de part et d'autre du ruisseau du Lin, à La Salmonière (commune de Lublé).

Les « allées mégalithiques », les cercles de blocs et les amas de pierres sont un domaine entier de l'archéologie jusqu'ici négligé ; avec les destructions dues aux grands travaux forestiers, il sera souvent trop tard quand on voudra les étudier en détail.

UN GRAND OUVRAGE ROMAIN DANS LA LOIRE

Avez-vous remarqué, par basses eaux, ces rangées de grands pieux traversant la Loire, une centaine de mètres en aval du viaduc de Saint-Cosme ? C'est un alignement de plus d'une dizaine de mètres de large, de pieux de chêne de section, soit carrée d'une vingtaine de centimètres de côté, soit quadrangulaire. Selon la tradition, c'est le « pont romain ».

Les pieux semblent répartis en massifs régulièrement espacés. C'est un ancien pont, ou un gué équipé, au niveau du chenal de navigation dépourvu de pieux, d'un pont de bateaux que l'on pouvait retirer en cas de crue ou d'attaque. Cette technique était courante à l'époque romaine. Pour passer la Loire à Tours aux basses eaux, on s'est contenté, jusqu'au XIᵉ siècle, de gués avec des planches sur des pieux et de petits ponts de bois amovibles ; en période de hautes eaux, seules les embarcations étaient utilisées.

Bien peu se sont préoccupés de connaître l'âge de cet ouvrage. Nous avions remarqué qu'il avait fixé la limite communale entre Fondettes et Saint-Cyr jusqu'au milieu de la Loire comme l'on fait certaines voies romaines, ce qui est un indice de grande ancienneté. Il y avait ici une voie antique qui aboutissait au camp gaulois de Montboyau, sur l'éperon entre Choisille et Loire.

Nous nous sommes préoccupé de la datation de cette structure, et nous avons demandé, en 1980, à un collègue d'en faire une photographie aérienne qu'il publia en 1981 dans le *Bulletin de la Société Archéologique*. En 1986, nous avions suggéré au Directeur des Antiquités Historiques de la faire dater par dendrochronologie (analyses des cernes de croissance des arbres). Ce dernier avait attiré l'attention du service de l'Equipement sur l'importance de l'ouvrage. Que croyez-vous qu'il arriva ?

Alléguant les difficultés qu'il engendrait « pour la navigation », l'ingénieur de la Navigation a fait, en septembre 1987, arracher presque tous les pieux (environ 80). Quelques-uns, laissés sur la rive nord (environ 12), devaient être arrachés au printemps 1988 ; mais devant les protestations et un article que nous avons fait passer dans la presse, ils ont été laissés en place. Entre-temps, un étudiant d'histoire, qui avait réalisé en 1984 un mémoire de maîtrise concernant la navigation sur la Loire à Tours au XVᵉ siècle, avait prélevé un fragment de pieu en septembre 1984. Il le transmit au Centre National de Recherches Archéologiques Subaquatiques qui prit à sa charge la datation au carbone 14. La réponse de ce laboratoire du C.É.A. et du C.N.R.S. a été :

Ce qui reste de la partie ouest de l'alignement mégalithique présenté au recto, détruite par les bulldozers lors du reboisement de la forêt communale de Cravant en 1982 (Cl. M. Magat).

Page précédente :

Double rangée de blocs de la partie sud d'un alignement mégalithique de plusieurs centaines de mètres de long, encore intact, dans les landes de Cravant (Cl. M. Magat).

« Premier siècle avant Jésus-Christ » ! (2050 + — 50 ans). L'insolite réside donc parfois dans des domaines insoupçonnés. Voilà un ouvrage qui était dans un état remarquable après avoir traversé, depuis 2 000 ans, toutes les périodes incultes de notre histoire, qui demeurait préservé malgré l'intense navigation du début du XIX⁰ siècle et qui a été détruit, « l'année du patrimoine », sous prétexte qu'il gênait une navigation inexistante, alors qu'il n'avait pas été étudié et qu'on n'en connaissait pas d'équivalent en France...

6

Travaux de terre

NOS TUMULUS ET LEURS LEGENDES

On racontait jadis à Villeloin, au sud de la Touraine, qu'au bord de l'Indrois, près d'une butte de terre, de mauvaises fées enlevaient des enfants. Voilà un lieu qui a excité l'imagination de nos ancêtres ! Une légende dit encore que sous cette butte un cavalier d'or est enterré sur son cheval en or. Nous avons très probablement affaire là à un tumulus.

Datant essentiellement des Ages du Bronze et du Fer, les tumulus sont des tombes sous tertre, parfois de grandes dimensions. En Touraine, on les a souvent confondus avec des monticules naturels, des buttes de garennes ou des mottes féodales. Les fouilles ont révélé certains tumulus, les faisant du même coup disparaître. Tel est le cas des deux « danges » de Sublaines, des tumulus de Bois-Semé, à Braslou (datant du premier Age du Fer), dont le plus grand était entouré d'un cercle de pierres. Il en est de même de celui du Chilloux, aux Roches-Saint-Paul, à Ligré, avec sa rangée de gros blocs au pourtour, qui mesurait 6 mètres de diamètre et 1,50 mètre de hauteur ; de celui de Channay-sur-Lathan, daté du Iᵉʳ siècle av. J.-C., où l'on trouva une pointe de lance et une monnaie carnute, et enfin de celui que l'on fouilla au confluent même de la Vienne et de la Creuse.

La forme et le site de certains tertres, comme La Motte à Villeloin et la Motille d'Armentières à Rivarennes, permettent de penser qu'on a affaire à des tumulus. Le premier, butte ronde de plusieurs dizaines de mètres de diamètre, est haut d'environ 4 mètres. Le second, de 26 mètres de diamètre mais peu élevé, est entouré d'un fossé de 4 mètres muni d'une « entrée ».

On ne peut rien dire des tertres de Descartes, au bord de la Creuse, sur la rive gauche, de Boussay, au Puy-Gaultier, et de Marcé-sur-Esves dont l'abbé Bourassé précise qu'il était « *dans la plaine..., de forme conique et de très vaste dimension... par-*

69

tagé sur le milieu par un fossé peu profond ». Il était recouvert de blocs de pierres comme un site voisin appelé le « cimetière des Fées, des Pucelles ou des Gruzelles, aux nombreuses pierres dressées ». Le tertre de Chambray, entre La Fontaine et l'Hommelaie, de 30 mètres de diamètre et de 3 mètres de haut, a livré en 1864 des pointes de flèche en fer, un couteau, un éperon sans molette et des fragments de poterie. Plutôt qu'une motte féodale, c'est peut-être un tumulus tardif de la fin de l'époque gauloise.

Comme à Villeloin, des légendes se sont attachées à ces tumulus et leur variété traduit l'imaginaire de l'époque de leur naissance. Si nous disposions de suffisamment de traditions, nous pourrions, en fonction de la nature des légendes, déterminer l'origine des différents tertres, et séparer, en particulier, les mottes des tumulus. Combien troublante est la tradition attachée à la Motte de Villeloin qui pourrait remonter à l'époque même de sa construction. Y aurait-il un tel stock légendaire s'il ne s'agissait que d'une motte féodale ? Voilà bien un tertre que nous aimerions fouiller !

Une autre tradition a longtemps affirmé que les Danges, ou Mottes de Dangé, à Sublaines, avaient été élevées par Clovis et Alaric pour limiter leurs possessions respectives. En fait, on se doutait depuis longtemps de l'origine de ces « dépatures de Gargantua » ; ces buttes ont été fouillées de 1962 à 1968. Leurs diamètres mesuraient respectivement 40 mètres et 30 mètres, et les hauteurs 3 mètres et moins de 2 mètres. La plus grande, datée de 500 av. J.-C., bouleversée au siècle dernier, avait abrité une tombe et un char dont on a retrouvé quelques fragments. L'autre, antérieure de près de trois siècles, renfermait un vase avec des cendres humaines, dont le décor d'étain est remarquable, avec fond brun et rouge légèrement glacé et la magnifique représentation d'un char. On peut l'admirer au musée de... Saint-Germain-en-Laye.

LES ENCEINTES SACREES

Assez souvent, on rencontre en pleine forêt de profonds fossés (de 2 à 4 mètres), formant un quadrilatère (en général un trapèze) protégé par un talus intérieur qui peut s'élever de 1,5 à 3 mètres au-dessus du sol et plus élevé aux angles. Leur plus grand côté mesure tantôt une cinquantaine de mètres, tantôt une centaine. Quoiqu'on leur ait donné jadis les noms de « camp de César », « camp des Romains », etc., ces enceintes ne correspondent pas toujours à des fortifications. Si certaines sont les restes de douves de maisons fortes médiévales comme La Frelonnière à Cerelles, un grand nombre d'entre elles, et surtout celles appelées « châtellier », sont des enceintes sacrées gauloises : des temples ruraux où se trouvaient un sanctuaire en bois avec, éventuellement, la demeure d'un gardien ou d'un prêtre et un puits où on enterrait sans doute les offrandes faites dans le temple. Au fond de ces puits, parfois très profonds (30 à 40 mètres), on a trouvé des poteaux verticaux fichés dans le sol. Nous savons cela par les fouilles faites en Allemagne et, depuis peu, en Picardie et dans l'Oise où l'on a retrouvé 1 500 épées et pièces d'armement volontairement brisées ou tordues et enterrées dans le fossé d'un de ces temples. Il n'y a pas encore eu de fouilles en Touraine, mais nous projetons d'en réaliser. Nous avons, par ailleurs, des indices de l'ancienneté de certaines enceintes.

C'est le cas du Châtellier situé sur la commune des Hayes (Loir-et-Cher), à 500 mètres de la ferme et du bois de Gâtines, en limite des Hermites. C'est un parallélogramme régulier de 190 × 107 mètres, avec porte au nord-est, et un premier réduit, au tiers de la longueur, délimité par un talus avec fossé percé d'une porte, elle aussi orientée au nord-est. Dans l'angle sud-ouest, existe un puits profond que l'archéologue CLÉMENT, lors de ses fouilles de 1909, trouva rempli d'ossements animaux (essentiellement des cuissots de bœuf). Pour des raisons de sécurité, il dut s'arrêter à 11 mètres de profondeur.

L'enceinte des Malpièces, au sud du bois de Saint-Laurent à Veigné, menacée par l'autoroute Tours-Vierzon, au plan trapézoïdal proche du parallélogramme, montre au sud une curieuse dépression ronde de 2 mètres de diamètre au fond, comme si on avait là la trace d'un ancien puits.

Nous avons montré que la très vaste enceinte (2 hectares, 18 ares) du bois de Chambray, avec réduit interne dans l'angle nord-est, que certains appellent « le camp des Prussiens », était vraisemblablement gauloise. Lorsqu'une partie du talus fut

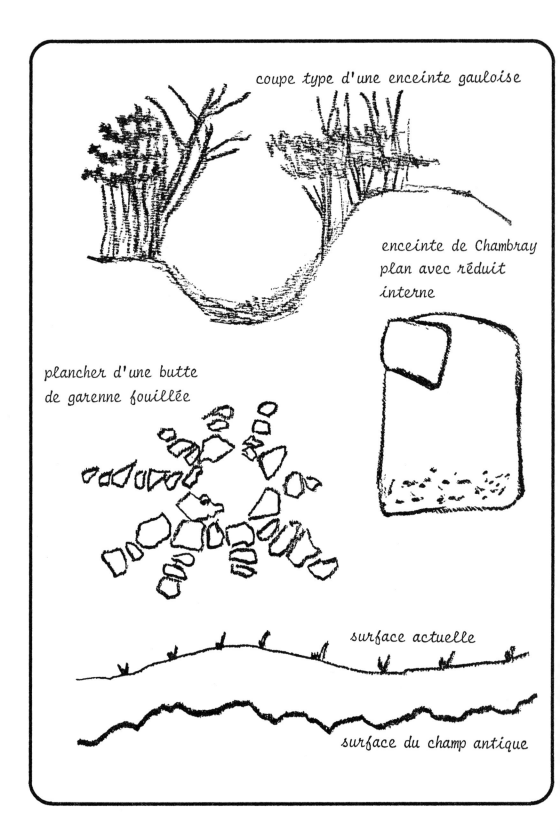

coupe type d'une enceinte gauloise

enceinte de Chambray
plan avec réduit
interne

plancher d'une butte
de garenne fouillée

surface actuelle

surface du champ antique

détruite, nous trouvâmes un fragment d'amphore campanienne (Iᵉʳ siècle avant J.-C.) dans les déblais. Cette enceinte a, hélas !, perdu récemment deux de ses côtés.

Une autre enceinte comme celle du Murger, à Verneuil-sur-Indre, en pleine forêt de Verneuil, présente un double fossé (de 62 × 67 mètres de côté) dont le plan évoque tout à fait celui d'un *fanum* : temple gallo-romain primitif, comme si elle en était la préfiguration.

A Château-Gaillard (terme aussi évocateur que celui de Châtellier), à Sublaines, au bord de la route de Bléré, on a dégagé en 1909 ce qu'on a pris pour un puits funéraire gaulois. Profond de 10 mètres, il a livré des os de sanglier, de cerf, cinq à six vases, une fibule, un bracelet, ainsi qu'un tronc de tilleul placé verticalement sur une couche de chaux et d'argile. C'était vraisemblablement le puits à offrande d'un temple rural dont les fossés, évoqués par le toponyme, ont été comblés.

Toutes les enceintes gauloises ne sont peut-être pas des temples : nombre d'entre elles, aux fossés remblayés, ont été repérées d'avion dans le sud-est de l'Indre-et-Loire. Elles sont manifestement associées à la métallurgie gauloise du secteur (à Villedomain, Nouans, Loché, etc.). Il semble en être de même pour les enceintes de Turpenay, en forêt de Chinon, dont l'une, à proximité de nombreux entonnoirs miniers situés à l'ouest de la butte Sainte-Marguerite, est coupée par l'allée de Marie d'Anjou.

De belles découvertes restent à faire dans ce domaine, soit par prospections en forêt, soit par fouilles.

UNE CENTAINE D'HECTARES DE CHAMPS DE L'ANTIQUITE AUX LIMITES BIEN VISIBLES

En forêt de Chinon, sur la route de Tours à Chinon, face à la maison forestière Jehan de Saintré, s'embranche la route de Cravant... Arrivée au carrefour de Dorothée, cette route forestière goudronnée s'infléchit à droite et longe alors une plantation de jeunes pins maritimes dont elle est séparée par un pare-feu labouré deux fois l'an. Le sol de ce pare-feu monte et descend assez régulièrement sur des hauteurs de plusieurs décimètres, même si les labours estompent peu à peu ces dénivellations. Ce sont les restes des levées de terre délimitant d'anciens champs antiques sur leurs quatre côtés. Si l'on continue d'un kilomètre, on entre, après le Chêne de la Mariée, dans la Lande de Cravant, récemment reboisée. On voit alors, après l'embranchement d'un chemin rural, au coin d'une cuvette entourée de chênes (la Fosse aux Chênes), une grande série d'ondulations sur le pare-feu situé à droite de la route. Certaines ont plus d'un mètre de dénivellation et comme la route monte, on peut faire, depuis le bas, une photographie à l'aide d'un téléobjectif resserrant les plans et donnant ainsi l'impression de montagnes russes.

A cet endroit, il y a à droite, perpendiculaires à la route, deux allées pare-feux sur lesquelles on voit très bien de nouvelles ondulations. Leur sol herbu monte et descend comme celui des pare-feux labourés, parallèles à la route. Les anciens champs sont donc limités par des talus sur leurs côtés. Vous êtes en présence de ce que les spécialistes appellent des *celtic fields* (champs celtiques) : un parcellaire de petits champs carrés ou rectangulaires d'environ 15-25 mètres de large sur 35-40 mètres de long. Les bombements sont séparés par des distances inégales parce que la route ne coupe pas les bandes de champs tout à fait perpendiculairement et ne fait parfois qu'en écorner certains.

De tels parcellaires s'inscrivent dans une fourchette chronologique s'étendant entre l'Age du Bronze (1800 av. J.-C.) et la fin de la période gallo-romaine (IVe siècle ap. J.-C.). Le premier pare-feu (en venant de l'est) rejoint le chemin rural évoqué plus haut qui est, à cet endroit, la grande voie romaine pavée des landes (Tours - Pont-de-Ruan - Chinon). Au nord de cette voie, entre trois grands chênes restés isolés après le défrichement de la lande, on peut voir les traces des murs d'une ferme gallo-romaine du Ier et IIe siècle que nous avons fouillée de 1979 à 1982.

Le second pare-feu qui se greffe sur la route rencontre lui-même, quelques centaines de mètres plus loin, un autre pare-feu perpendiculaire, ce qui nous a permis de creuser au tracto-pelle deux tranchées perpendiculaires peu distantes dans chaque pare-feu. Dans les deux cas, nous avons trouvé, à 30-40 cm de profondeur, des ondulations noires avec charbon de bois, de

30 cm d'intervalle : ce sont les anciennes traces des sillons des cultures, sans doute enrichies de cendres de branches brûlées sur place. C'est la pratique antique du labour croisé qui a été responsable, avec le temps, de la remontée de la terre vers les talus limites de champ, c'est-à-dire du centre de la parcelle vers les bords. Si vous examinez au printemps les deux pare-feux perpendiculaires, vous verrez très nettement, en surface, des bandes alternées de deux espèces végétales : la molinie et la callune, correspondant aux anciens sillons que l'on voit dans les coupes. La molinie est installée dans le creux des anciens sillons qui doit être plus humide, et la callune sur les crêtes plus sèches.

Nous avons ainsi retrouvé une centaine d'hectares de champs antiques dans les landes de Cravant. On en perçoit d'autres sur les chemins ruraux situés plus à l'ouest : ceux de la Taille-aux-Pères et du Petit-Eplin. Le long du chemin, au sud du Petit-Eplin, on trouve parfois des blocs enfouis dans les anciens talus, preuve que les agriculteurs ont épierré sur la limite de leurs parcelles ; avec le temps, ces blocs ont été enfouis.

Nous ne pouvons pas assigner un âge précis à ces structures faute d'avoir retrouvé du matériel datable au creux des anciens sillons. Nous avons provisoirement adopté l'hypothèse de champs gallo-romains compte tenu des matériels trouvés en surface et des vingt sites gallo-romains que nous avons découvert dans ces landes. Quatre ont fait l'objet de fouilles et deux l'objet d'un sondage archéologique. Toutefois, le fait que la voie romaine soit elle-même affectée par des ondulations, laisserait à penser que ces champs, ou une partie d'entre eux, pourraient être antérieurs à la période romaine.

CHATEAU-ROBIN

Lorsque, sur la commune de Pont-de-Ruan, on prend la petite route de la rive droite de l'Indre et que l'on va du château de Vonne à celui de La Chevrière, on arrive à un endroit où le coteau est tellement escarpé, qu'il forme une blanche falaise surplombant la route. On devine que l'Indre, jadis, léchait le pied du versant. Dans la falaise se trouvent, à des niveaux différents, plusieurs entrées de caves et de souterrains-refuges. Sachez, qu'invisible d'en bas, on trouve sur le rebord même du plateau, dans la forêt, un étrange monument en terre que l'on appelle la « Motte-aux-Caves-Fortes » (ou « Forts ») et plus souvent « le Château-Robin ». On y voit un monticule de terre, élevé mais étroit, entouré d'un fossé large et profond, lui-même bordé d'un énorme talus impressionnant tant par sa hauteur (3 à 4 mètres) que par sa largeur à la base, comparativement à la taille de la motte centrale. Le tout est circonscrit d'un fossé large et profond, parfois en eaux après de fortes pluies. Cet ouvrage circulaire s'interrompt du côté de la vallée où l'à-pic sert manifestement de défense naturelle.

Cette construction est une motte de défense médiévale analogue à la motte Bazonneau, à Montbazon, ou à celle de Villaines juchée sur le haut du plateau qui domine l'ancienne école de filles et dont le fossé s'interrompt de la même façon sur le vide. L'histoire ne semble pas avoir gardé le nom du seigneur qui l'a fait construire ; ce pourrait être Foulques Nerra.

On ne peut dissocier cet ouvrage de défense des aménagements souterrains creusés en dessous dans le calcaire et sur quatre niveaux. De la route qui longe le pied du coteau, on accède par deux entrées dans deux salles qui communiquent ; l'une conduit par un escalier à une salle supérieure, la salle de gauche mène à une grande salle à partir de laquelle un couloir, inondé aux trois quarts, débouche dans une salle-refuge soutenue par deux piliers. On trouve des chatières, des trous de visée, des étranglements avec des feuillures, autant de caractéristiques d'un souterrain-refuge. Au total, il existe sept salles spacieuses (la dernière, à l'étage supérieur, est remplie d'éboulis) dont trois épaulées par des piliers de soutènement.

On disait jadis, peut-être à l'attention des enfants, qu'un démon habitait dans les souterrains mais, paradoxe fréquent, on précisait que, dans une salle élevée, il veillait sur un trésor. Cette légende est à l'image même de Château-Robin qui attire et effraye à la fois. Fossés et talus paraissent d'autant plus gigantesques qu'ils protègent un tout petit espace central où s'élevait probablement une tour en bois. C'est un monument à la fois beau parce qu'intact, et inquiétant parce qu'il n'y manque que les palissades, les chevaux et les hommes bardés de cuir. Bel endroit pour tourner un film ou dessiner un album sur l'époque carolingienne ! Songeons à l'angoisse des manants obligés d'emprunter le chemin du bas et apercevant avec effroi les soudards et les reîtres montant la garde en haut de leur repaire...

LES GARENNES

On rencontre dans nos forêts un certain nombre de tertres énigmatiques, souvent groupés, dont quelques-uns furent signalés par les anciens auteurs. On les a longtemps pris, et on les prend encore parfois, pour des tombes ou des petits tumulus auxquels ils ressemblent (cf. l'article sur les tumulus).

Certains archéologues, qui ont fouillé des buttes semblables dans le reste de la France, ont parfois rencontré des dessins formés, à leur base, par des réseaux de pierres : damiers, soleils avec rayons, etc. Ils les ont appelées : « pseudo-tumulus recouvrant des figurations lithiques ». L'un d'eux y voyait, il y a quelques années, les traces de cultes païens (culte solaire en particulier), secrètement maintenus au début de la période chrétienne et, pour cela, recouverts de terre ! Lorsqu'on s'aperçoit que ces buttes sont à l'intérieur d'anciennes propriétés seigneuriales et non loin du siège du fief, on peut les considérer comme de probables garennes.

A l'origine, ce sont des friches sur terrains secs où les lapins pullulent. Au Moyen Age et au début des temps modernes, on a désignés ainsi des espaces aménagés pour y faire vivre un maximum de lapins sauvages pour l'alimentation des seigneurs. Le droit de garenne, comme le droit de fuie (colombier), était l'apanage des seigneurs. On construisait des tertres où les lapins creusaient spontanément leurs terriers dans la terre meuble et non humide ; en général groupés, ces tertres formaient une garenne. Nous en avons trouvé de nouvelles comme celles de Sainte-Julitte et du bois de Folet à La Celle-Guenand, de « la Chapelle de Bourg » à Seuilly (cf. l'article de ce nom), du Moulinet à Rouziers, de Crémille à Mazières, de Vaujours à Château-la-Vallière, etc.

77

Ces buttes étaient édifiées avec de la terre fine ou avec des lits de pierres et de terre, ou encore avec des réseaux préétablis de galeries faites de pierres (mais pas toujours couvertes), ce qui permettait de capturer aisément les lapins en fixant des poches aux sorties et en faisant pénétrer un furet par une entrée. Ce sont les « mottes à conils », « les murgiers à connins défensables », les « terriers » (c'est-à-dire les tas de terre), les chirons et les clapiers (c'est-à-dire les tas de pierres) des textes du Moyen Age.

Olivier de Serres, qui donne des conseils pour les édifier dans son « Théâtre et mesnage des champs » (1600), évoque les trois formes de tertre que l'on rencontre habituellement : « monticules longs, ronds ou carrés ». Le tertre de Crémille mesure 140 mètres de long, 6 mètres de large et 1,50 mètre de haut dans sa partie la plus élevée. Ceux de Sainte-Julitte mesurent de 11 à 12 mètres de long sur 6 à 7 mètres de large et 0,60 mètre de haut ; le tertre de Vaujours est haut de 2,60 mètres, large de 7 et long de 18 mètres. On trouve les trois types parmi les 19 buttes du bois de Folet à La Celle-Guenand (dont 5 rondes-ovalaires ou carrées à angles arrondis) et parmi les 14 « tombelles » proches du château d'Ussé. Si L. Dubreuil-Chambardel et le comte de Blacas ont fouillé, en un endroit non localisé du parc, ce qui semble avoir été un petit tumulus, puisque du matériel en bronze (épée, anneaux, etc) qui en provenait est exposé au Musée des Etats-Généraux de Chinon, le premier a plus tard fouillé une des buttes de ce qui semble être la garenne du château. Il n'a rien trouvé de notable, de même qu'une archéologue qui, en 1986, en a entamé une seconde. La première fouillée contenait des matériaux d'âge divers et ce que L. Dubreuil-Chambardel appela des « trilithes » : il s'agit d'un ensemble formé de deux pierres debout et d'une pierre à plat au-dessus des deux autres, trilithes situés en bordure de la butte fouillée qui pourraient être les entrées aménagées pour les lapins.

Le plus insolite, une fois de plus, ce ne sont pas les constructions en elles-mêmes, mais l'explication que les hommes en ont donné. On a parlé de « redoutes » pour les sept buttes situées au sud de l'Etang des Souches (près du vieux château de Lournay), à Saint-Etienne-de-Chigny où, en 1870, des fouilles n'exhumèrent rien de notable. On les considérait comme des fortifications faites par les Protestants pour protéger leurs canons ; or, ils ne semblent pas être venus à cet endroit. Nous avons curieusement une tradition semblable pour les trois buttes de Turpenay, toujours visibles dans la forêt (sur la gauche du chemin allant de la route forestière des Belles Cousines à l'abbaye) et mentionnées en 1873. Il s'agit probablement d'un rapprochement fait, après le XVIᵉ siècle, avec la forme des bastions construits autour des canons de siège, mais cela ne répond à aucun fait historique. Le plus étonnant, c'est que pour les buttes du bois de Bourg à Seuilly, que nous avons fait connaître, nous avons recueilli la tradition orale que des Protestants auraient séjourné dans ce bois, sans toutefois qu'on leur attribue la paternité des buttes !

Photographie du début du siècle du cercle de pierres du Camp de Brenne. Il existe encore, mais ce terrain de pacage dénudé est désormais sous forêt. Fiche documentaire de la bibliothèque municipale de Tours due à J.-M. Rougé le 1er décembre 1931 ; le 2 décembre, le conservateur G. Collon notait en marge : " Détruit. Le ciste est brisé ; la fosse est sèche". Cette fosse correspond probablement à d'anciennes fouilles sauvages (Cl. Nouveau / S.A.T.).

Le "Pont Romain" vu de Fondettes, avant sa destruction en septembre 1987 (Cl. M. Magat).

Architectures
remarquables

LE PONT ROMAIN
DE SAINT-GERMAIN-SUR-VIENNE

En France, on évoque fréquemment des ponts romains qui n'en sont pas, ou qui le furent avant des transformations parfois radicales. En Touraine, si l'on a baptisé à tort de romain le Pont Girault, un pont médiéval sur l'Echandon, on possédait par contre deux ouvrages authentiques :

— les soubassements du premier, en bois, ont été détruits en septembre 1987 (cf. « Un grand ouvrage romain dans la Loire »),

— le second, en pierre, subsiste intact à Saint-Germain-sur-Vienne, mais pour combien de temps, puisque tracteurs agricoles, camions et automobiles l'empruntent journellement ?

Il se trouve sur la section de l'ancienne voie Chinon-Saumur, quittant le bord de la Vienne pour rejoindre la route actuelle à La Chaussée, nom évocateur. Il est distant de 250 mètres du hameau. Il mesure 15 mètres de long, mais l'unique voûte est plus courte ; il possède deux parapets protégés par des bornes. La pierre de la voûte paraît étrangère à la Touraine. Du côté est, cette voûte montre deux techniques propres aux Romains, qui ne seront utilisées à nouveau qu'au XVIe siècle :

— le claveau à crossette, c'est-à-dire qui se prolonge en formant un angle de manière à l'ancrer dans la maçonnerie,

— des claveaux débordant alternativement dans la maçonnerie du centre de la voûte pour obtenir un surcroît de solidité ; les spécialistes les nomment des « voussoirs passants un-sur-deux ».

Enfin, les pierres du parapet sont toutes étroitement liées entre elles par des tenons et des mortaises ; malheureusement, beaucoup manquent à l'ouest. Des dalles siliceuses, d'origine locales, avaient pour but de les protéger des roues des chars, mais il n'y en a plus que quatre à l'ouest et six à l'est. De même, sur les quatre bornes polygonales en grès, sans doute plus tar-

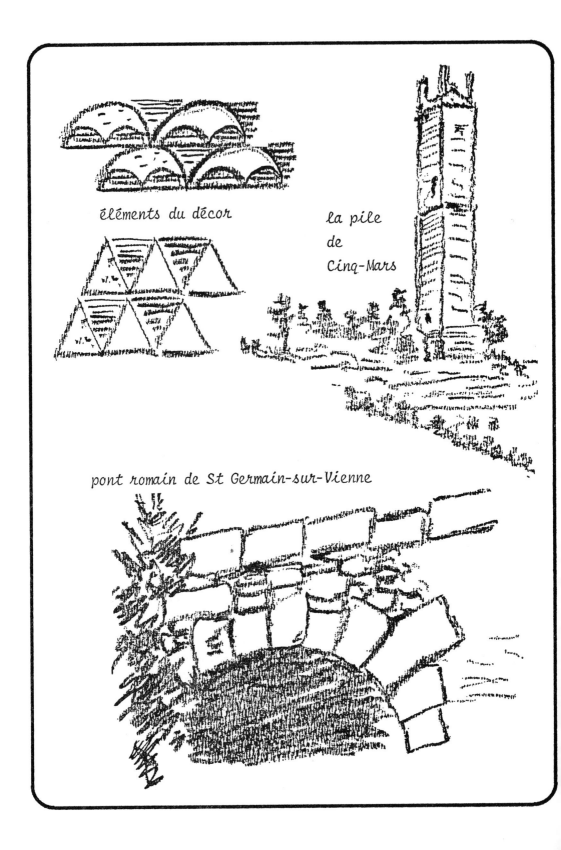

éléments du décor

la pile
de
Cinq-Mars

pont romain de St Germain-sur-Vienne

dives, qui protégeaient le parapet à l'entrée et à la sortie, l'une a été jetée dans le ruisseau et une autre cassée en deux. Ce vénérable témoin de vingt siècles d'histoire tourangelle mériterait quelque sollicitude.

LA PLUS BELLE PILE DE FRANCE

C'est le monument qui a donné son nom à Cinq-Mars-la-Pile. Il est situé à l'est du bourg, sur le versant de la vallée de la Loire, un peu en contrebas du niveau du plateau. Haut de 29,40 mètres (= 100 pieds romains), avec une base de 5,80 mètres de côté (20 pieds) et de 4,40 mètres seulement à 2 mètres du sol (15 pieds de côté), c'est le plus beau monument romain de la Touraine. Curieusement, il demeure encore très mystérieux pour la plupart des Tourangeaux. Beaucoup en font encore un phare pour les navigateurs et, dans le passé, les explications les plus diverses se sont succédées. Il est regrettable que sur place, un petit panneau traduit en plusieurs langues évoque, pêle-mêle, les différentes hypothèses anciennes et n'insiste pas sur ce qui apparaît comme l'évidence aux yeux des archéologues.

« *A une lieue au-dessus de Langeai, on voit... un pilier de briques si dures, qu'on dit qu'il est à l'épreuve du canon. On l'appelle* la pile de Saint-Mars, *et la tradition veut que ce soit César qui l'ait fait bâtir, de même que celle du port de Pile sur les limites de la Touraine et du Poitou* » (Piganiol de la Force, *Nouvelle Description de la France*, 12, 3e édit., 1754) (1).

— Pour Royer de la Sauvagère (*Recueil d'Antiquités*, 1770), c'est un trophée militaire en l'honneur de *Quintus Marcus*, lieutenant de César, alors que Cinq-Mars est l'évolution de Saint-Médard (une charte évoque *Sanctus Medardus* en 915).

------

(1) Le texte de Piganiol de la Force est intéressant car il fait allusion à une pile qui n'existe plus à Port-de-Piles. On aurait donc tort d'écrire ce nom avec un S comme s'il s'agissait des piles d'un pont. Cependant, L. de Croy écrit dans « *Etudes... sur le département d'Indre-et-Loire* » (1838, p. 224-225) : « *Le Port-de-Pile* — Portus de pilis — *fut ainsi nommé de quatre pyramides élevées pour la démarcation de deux Etats (France et Aquitaine).* » L'orthographe actuelle « Port-de-Piles » suivrait donc cette interprétation probablement beaucoup moins fondée.

— Pour Chalmel (1821), c'est un monument marquant la limite du pays Wisigoth.

— Pour Lauzun (1857), c'est un temple.

— Pour d'autres, c'est une borne frontière, un monument élevé pour célébrer une victoire des Français sur les Normands, un monument construit par les Romains pour commémorer une victoire ou bien en l'honneur de cinq braves (Cinq Mars !), etc.

— Dans son *Folklore* (1943, p. 152), J.-M. Rougé rapporte une tradition recueillie en 1915 qui paraît la moins éloignée de la réalité : « *La pile est un tombeau édifié par les Romains, il y avait des chefs enterrés sous ce monument...* »

On connaît plus de 25 piles romaines en France du sud-ouest ; mais c'est de toutes la mieux conservée. Equivalents des piliers funéraires du nord-est (comme celui d'Igel près de Trèves), ces piles sont des monuments funéraires dérivant du mausolée hellénistique dont Rome apporta la tradition en Espagne et en Gaule. Ce sont donc des tombeaux qui se composaient d'une pile et en général d'un enclos à son pied où se trouvait un petit temple. On sait qu'un tel enclos existait autour de ce monument.

L'originalité de cette pile, c'est qu'elle est la seule en France avec celle de Saint-Romain-de-Benêt (Charente-Maritime) à être en briques ; les autres sont en pierres taillées (en petit appareil). Son noyau interne est un carré de moellons de 1,90 mètre de côté, mais l'extérieur est en briques avec un cordon de deux briques faisant saillie à mi-hauteur à 16,50 mètres. En fait, elle est formée de quatre parties distinctes. Quoique très érodé, son socle, d'une hauteur de 4,40 mètres (égale à la longueur du côté), est composé d'une partie verticale et d'un décrochement complexe (2) qui, intact, devait être particulièrement recherché. Le sommet est un couronnement en forme de pyramide tronquée encadré de quatre piliers hauts de 3,25 mètres et reconstruits au XIXe siècle ; un cinquième, central, s'est abattu en 1751. Cette pile est aussi la plus belle de France par le décor de sa face sud : douze compartiments rectangulaires en six rangées horizontales, occupés par

---

(2) Après 15 briques verticales, on trouve de bas en haut : 5 briques en retrait successif (profil oblique), 3 briques formant un arrondi, 3 briques verticales et une corniche de 2 briques séparant le socle de la partie moyenne.

des mosaïques de briques polychromes à décor géométrique *(parimenta sectilia)* qui pourraient avoir été inspirés par des motifs géométriques ayant une signification pour la philosophie pythagoricienne. Hélas ! quatre sont totalement détruits, quatre à à moitié, et quatre intacts. Lors de la remise en état du monument de 1844 à 1846, on constata qu'ils avaient été arrachés à coups de pic. On avait dû échafauder pour rechercher un très hypothétique trésor et d'ailleurs, on avait fouillé partout, au point qu'il est étonnant que la pile ait résisté. En 1846, un ingénieur et des ouvriers auraient découvert, en creusant sous la face ouest, une énorme excavation de 3,40 mètres sur 3,10 mètres et profonde de 2 mètres à travers le massif en maçonnerie sur lequel elle repose. On combla le trou à la hâte avec une « maçonnerie hydraulique ».

La découverte de deux monnaies de Marc-Aurèle (161-180) au pied du monument et les décors, comparables à ceux des greniers d'Agathus à Ostie (port situé près de Rome), de la première moitié du IIe siècle de notre ère, militent pour une construction de la pile dans la deuxième moitié du IIe siècle. Au Moyen Age, comme on pensait que c'était un temple romain en l'honneur de quelque divinité païenne, l'église voulut effacer la fonction première de l'édifice en le vouant à saint Nicolas. Sur la célèbre carte de Mercator (Gerhard Kremer) de 1609, on lit en effet : « la pile de Saint-Nicolas ». Pourquoi saint Nicolas ? Parce qu'on croyait le temple dédié à Mercure, dieu du commerce, ou parce que l'on pensait que la pile servait de fanal aux navigateurs. En effet, le saint était alors : « *l'advocat protecteur des mariniers et voituriers par eau* ». De nos jours, des traînées noires, provenant des cavitées creusées dans les panneaux décoratifs (fientes de pigeons ?), renforcent la croyance qu'on avait là un phare.

UNE FAÇADE CAROLINGIENNE
A TOURS

Le Xe siècle fut pour Tours une période difficile et, pour protéger le sanctuaire de Saint-Martin des pillages normands, on l'entoura d'une enceinte d'abord en bois, ensuite en pierre. Cette dernière fut vraisemblablement édifiée après l'incendie de 997

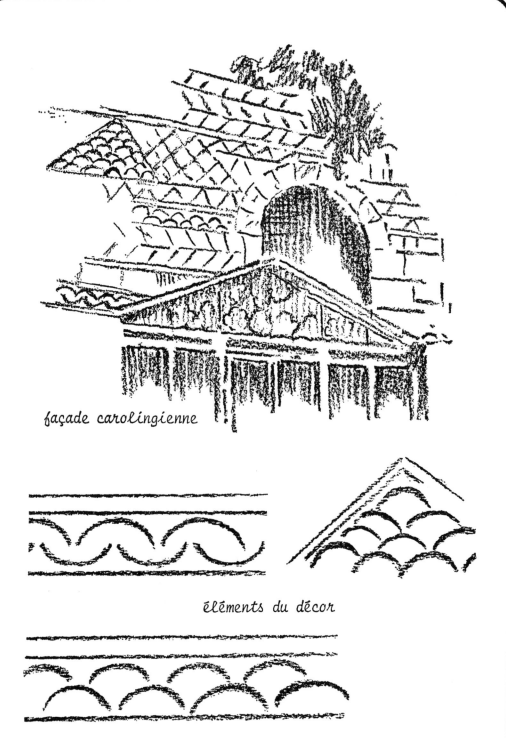

façade carolingienne

éléments du décor

où le *Castrum Sancti Martini* brûla avec vingt-deux églises ! Il n'en reste plus que de rares vestiges : une tour (au n° 10 de la rue Baleschoux) avec une baie au cintre formé de claveaux de pierre et de brique alternés, et une tour modifiée au XIIIᵉ siècle, située à l'ouest du bâtiment du Centre d'Etudes Supérieures de la Renaissance, au 59 de la rue Néricault-Destouches, qui a pris la place des anciens fossés.

C'est un peu à l'est de cette dernière que l'on peut voir le rempart. Il mesurait 11 mètres de haut et 2 mètres d'épaisseur. A cet endroit (au n° 55 de la rue), il englobe la façade triangulaire d'un édifice au remarquable décor, peut-être une église neuve touchée par l'incendie. Celle-ci offre, en effet, des points de comparaison avec les monuments de la fin du Xᵉ siècle. On y trouve des lits de briques, comme à l'abbaye de Marmoutier, mais la baie large, au cintre souligné de briques au-dessus des claveaux épais, paraît plus archaïque que les ouvertures aux cintres imbriqués du donjon de Langeais, daté de 984, et de la tour de la rue Baleschoux. Cette façade triangulaire, élancée, qui se situait immédiatement à l'ouest de l'ancienne porte Saint-Venant (à l'angle des rues Descartes et Néricault-Destouches), marie harmonieusement le rouge de la tuile et la blancheur du tuffeau.

C'est une mosaïque de décors recherchés. Des pierres de taille d'épaisseur moyenne (le moyen appareil) y dessinent des parallélogrammes contrariés (appareil « en épi » ou en « arête de poisson ») ou des losanges dessinant comme les mailles d'un filet (appareil réticulé). Les tuiles plates y sont employées en cordons horizontaux et en chevrons, ce qui donne à l'ensemble l'allure d'émaux cloisonnés. Les tuiles semi-cylindriques, montées les unes sur les autres en quinconce (tuiles échafaudées), forment des triangles alternant avec des triangles d'appareil réticulé. D'autres encore constituent un bandeau de deux niveaux de tuiles opposées et décalées ou un bandeau de deux niveaux de tuiles échafaudées, alternant avec une frise d'appareil en arête de poisson. C'est là un édifice soigné qui témoigne de la splendeur de la Martinopole à la fin de la période carolingienne que l'on arrête traditionnellement en 987.

8

D'étonnantes constructions

LE MYSTERE DES PONNES
ET DES FONDS DE CABANES

En creusant une tranchée à Sainte-Maure vers 1960, on découvrit, rue Veillère et rue de l'Huilerie, quatre cavités sphériques ou ovoïdes, creusées dans le tuffeau, auxquelles on donna le nom de « ponnes », car leur forme rappelait les ponnes ou ponneaux des rives de la Creuse, grands cuveaux ventrus en céramique employés jadis pour faire la lessive. La plus grande avait une profondeur intérieure de 1,65 mètre, un diamètre maximum de 1,30 mètre tombant à 1 mètre au fond ; la plus petite n'avait que 0,80 mètre de profondeur. Précédemment, on avait trouvé bien d'autres cavités de ce genre, par exemple à Vou en 1900, à Sepmes, et à Ports-sur-Vienne en 1948. On les avait qualifiées de « ponnes à incinérations » parce qu'on y avait trouvé des os et des cendres.

Gabriel Desaché, qui fit les observations à Sainte-Maure, y trouva du charbon de bois, des fragments de vases qu'il considéra comme gaulois et des os calcinés ; il en fit donc des sépultures. Il signala dans la « Nouvelle République » : « *quelques escargots et des coquilles d'œufs, probablement les reliefs du repas funéraire pris par la famille du défunt au bord de la sépulture* »... Il écrivit plus loin : « *Ne savons-nous pas que les Gaulois habitaient des huttes faites de bois et de terre battue affectant sensiblement la forme d'un œuf tronqué à sa base... nos ponnes ne sont-elles donc pas la fidèle reproduction de ces buttes ? Ainsi, c'était toujours la même architecture qui abritait le Gaulois, vivant ou mort.* »

En fait, il écrivait lui-même que les os étaient d'origine animale. Par ailleurs, ces cavités n'étaient peut-être que gallo-romaines. L'assimilation entre les ponnes et des sépultures ou avec des fonds de cabanes gauloises est une constante de l'archéologie traditionnelle depuis le XIXe siècle, soit parce qu'on trouve des fragments de vases et du mobilier domestique dans leur remblai, soit par assimilation avec les « puits funéraires gaulois » qui ne sont peut-être que des puits ayant reçu après coup des cadavres ou des cendres humaines.

A Mazières-de-Touraine, on peut toujours voir trois ponnes protégées par des tôles, sur la rive gauche du ruisseau du Breuil, au nord de la route menant à Saint-Etienne-de-Chigny. Trouvées vers 1860, elles furent elles aussi considérées comme des puits funéraires gaulois, puis comme des « fonds de cabanes gauloises ». De nos jours, on se demande comment on pouvait envisager une telle fonction. On sait maintenant que les ponnes sont des silos à grain qui, une fois abandonnés, servaient de dépotoirs et parfois de tombes, d'où les cendres, les os d'animaux et les fragments de vases. La forme en cloche de ces greniers souterrains permettait un bon tassement des grains et un début de fermentation produisant du gaz carbonique stoppant toute évolution ultérieure ; leur fermeture par un opercule circulaire en interdisait l'accès aux rongeurs.

Leur âge est très variable et difficile à attribuer. Les ponnes s'échelonnent entre l'Age du Fer et l'époque médiévale. Au XVIe siècle, les greniers de César, à Amboise, en constituent l'évolution logique.

On peut en voir une belle au plancher de la Cave des Romains, ou Cave des Bohêmes, sur l'éperon barré des Deux-Manses à Sainte-Maure-de-Touraine ; une autre, en forme d'obus, à proximité des cuisines du château de Lavardin ; plusieurs éventrées par l'agrandissement de la place de l'église, à Betz-le-Château, qui a mordu dans la motte féodale ; à Crissay, sous la tour du XIIIe siècle du château, et une demi, coupée en deux par une galerie, sous le presbytère de Beaumont-la-Ronce. Tout à côté, au siècle dernier, on en trouva un groupe en construisant l'église actuelle ; dans l'une d'entre elles, on trouva un lissoir médiéval. Beaucoup sont maintenant comblées : au pied du donjon de Saint-Christophe-sur-le-Nais ; à l'Oie (Neuvy-le-Roi) ; à un kilomètre au sud de Mouzilly, à Huismes, près de la voie ferrée ; à Hommes, en plein champ, à l'ouest de La Pénétrie et à l'est de la route de Courcelles ; elle était vide lorsqu'elle fut fouillée en 1982 ;

caves demeurantes (les caves Simonneau à Beaumont-en-Veron)

coupes de ponnes de différentes époques

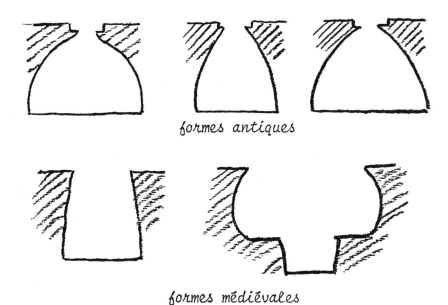

formes antiques

formes médiévales

à Saint-Epain, à 300 mètres de la ferme des Quartiers : comme pour la précédente, son orifice, de 0,45 mètre de diamètre, était fermé par une pierre plate.

DES REFUGES SOUS LA TERRE

Si vous quittez Le Grand-Pressigny en direction d'Abilly, la route longe la rive droite de la Claise ; 200 mètres après une dernière maison neuve, à la lisière de la forêt, la pente du versant s'accroît. Il y a là au milieu des pins, sous une corniche de calcaire dur, au sommet du versant, une habitation dans le roc. L'accès est aisé par un petit sentier qui monte à la ferme de l'Epinette. On notera les curieuses statues laissées, il y a peu, par le dernier habitant et, si vous avez pris la précaution de vous munir de lampes, vous remarquerez deux souterrains étroits partant de l'unique salle. L'un est en cul-de-sac, mais l'autre, long et très étroit mène à une petite salle. C'est une souterrain-refuge : le château fort du pauvre qui, pour éviter soldatesque et brigands, se réfugiait sous terre, parfois dans un simple trou ouvert dans le sol.

Certains sont remarquablement protégés ; imaginons que nous soyons l'assaillant... Les couloirs sont sinueux et étroits (moins d'un mètre) avec de nombreux embranchements qui rendent l'orientation délicate. Ils se resserrent parfois au point de ne permettre le passage qu'en rampant dans un goulot d'une trentaine de centimètres. Passer la tête dans une telle chatière est un danger mortel. Déloger le corps d'un blessé bloquant le passage paraît impossible.

La défense était complétée par des puits au milieu du passage ou bien par des barrières de rondins ou de madriers encastrés dans des trous ou des rainures de la paroi appelés « feuillures ». Il existe assez souvent des trous de visée qui relient une salle à un couloir et qui permettent de surveiller ou de frapper les assaillants. L'association de ces dispositifs accroissait les difficultés. Dans le souterrain de Beauvais (commune de Draché), on rencontre un puits creusé sur toute la largeur du couloir

Talus de l'angle nord du réduit interne de
l'enceinte gauloise de Chambray (Cl. M.
Magat).

*Vue de l'intérieur de la "Cave des Bohêmes"
au sud-ouest de l'oppidum des Deux-Manses
à Sainte-Maure-de-Touraine. A droite, l'entrée
de la "ponne" se trouvant au niveau de la
salle inférieure ; on peut voir la feuillure
circulaire où s'adaptait l'opercule permettant
sa complète obturation (Cl. M. Magat).*

précédant un système de deux feuillures consécutives. Un assaillant devait d'abord franchir le puits avant de défoncer les barrières ; or le puits l'empêchait de prendre de l'élan. Dans le souterrain du château de La Celle-Guenand, on pénètre par un escalier qui aboutit, après un coude, devant une grande feuillure. Faisant face à cet obstacle, il y a dans le mur un trou de visée provenant d'une petit salle située à l'intérieur du souterrain et pointant dans le dos de l'assaillant. Un second trou de visée prend en enfilade l'escalier d'accès au souterrain. La présence d'anneaux permet de penser que des chiens judicieusement placés renforçaient parfois la défense, par exemple au sortir d'une chatière. On conçoit qu'un souterrain simple et bien étudié permettait d'être sauf pour peu qu'il fût équipé de bouches d'aération ou d'une issue de secours invisible. Le gros problème est en effet la respiration et la résistance à un enfumage éventuel. Aux Peux, au-dessus de Grizay (commune de Ports), des paysannes et des enfants réfugiés, autour de 1074, dans une maison d'où partait un de ces souterrains, furent ainsi enfumés et anéantis.

L'origine de ces souterrains se perd dans la nuit des temps et, si les plus anciens sont difficiles à dater, il apparaît que la plupart ont été construits au Moyen Age, en particulier pendant les guerres féodales, la Guerre de Cent Ans et, au-delà, pendant les guerres de Religion. La découverte récente par J.-M. Machefert et J. et L. Triolet, dans le souterrain du château de La Celle-Guenand, d'une balle de plomb sphérique de 13 mm de diamètre montre que la défense pouvait se faire avec des arquebuses (et même des couleuvrines), et donc que ces souterrains ont perduré jusqu'à une date tardive.

On les trouve le plus souvent près des fermes et des hameaux ; beaucoup plus rares sont les véritables villages souterrains comme celui de Saint-Christophe-sur-le-Nais, étudié par O. Guérin en 1912. Il s'agit de véritables « casemates » des XIVe et XVe siècles prévues pour abriter toute une population avec puits, fours, cheminées, silos, placards et niches à provisions. Elles se trouvent à l'ouest du Mail, à 200 mètres au sud du vieux donjon, au milieu de la pente descendant vers le Nais et à l'intérieur des remparts de l'époque.

Un certain nombre de souterrains-refuges sont associés à des châteaux dont ils constituaient l'ultime retranchement. Citons les souterrains du château de Cécigny à Lerné, du château de Crissay et des châteaux de Ré (Le Petit-Pressigny), de La Celle-Guenand et de La Roche-Clermault. Ce dernier s'ouvre à 25 mètres à l'est du mur oriental du grand bâtiment XVIIe siècle, comporte des galeries étroites en zigzag, à entrées camouflées et protégées (trous de visée, rainures de fermeture) et des chambres refuges avec bancs, silos et trou d'aération au plafond. Il est célèbre pour la sculpture de la quatrième salle (dont le moulage est au musée de la vieille église de Cravant) : un personnage dressé à jupette et pantalon court tenant un disque de sa main droite et un vase ou un objet non déterminé et étranglé au centre. En 1589, un catholique réfugié dans le souterrain lors des guerres de Religion y a ajouté des inscriptions et des dessins : épée, croix, ciboire et hostie...

LES CAVES DEMEURANTES
DE LA PIERRE TOMBEE
A ROCHECORBON

La Pierre Tombée est un énorme pan, d'une vingtaine de mètres de hauteur, de la falaise du Val de Loire qui s'est détaché du rocher en 1720. On dit qu'en s'affaissant il a enseveli, sous ses 2 000 mètres cubes de roche, dix-sept personnes qui gaulaient des noix en contrebas. Entre la Pierre Tombée et la paroi, existe une faille étroite avec un escalier qui conduit au sommet de la pierre jusqu'à un belvédère. Les curieux y montaient lorsque des visites étaient jadis organisées. On accède à cette curiosité par la rue des Basses-Rivières, d'où l'on peut voir que deux demeures sont installées à l'intérieur de la Pierre Tombée ; légèrement décalée, chacune possède une partie haute où l'on accède par un escalier particulier. Un après-midi durant, la télévision japonaise a filmé cette curiosité et les techniciens ont confié à l'un des habitants, qu'au Japon, il serait déjà riche grâce aux visites...

Beaucoup de Tourangeaux vivent ainsi sous terre dans ce qu'on appelait jadis des « caves demeurantes ». A l'origine, ce sont des caves ou des carrières qui ont permis d'extraire de la pierre et en particulier le matériau nécessaire à l'édification du mur de la demeure et de ses dépendances. On comprend que l'habitat troglodytique s'égrène au long des coteaux, dans toutes les vallées tourangelles, là où la pierre était facile à extraire. On sait que saint Martin, quand il s'installa avec ses compagnons à Marmoutier, utilisa une « grotte », entendez une excavation artificielle ; de même, des moines s'isolèrent en creusant leurs cellules ; lui-même, qui résidait dans une petite demeure en bois adossée au coteau, montait à l'échelle pour gagner sa cellule dans la pierre (cf. « Les grottes de Marmoutier »). Au Moyen Age, Villaines-les-Rochers, dont l'habitat est exclusivement troglodytique, s'étire déjà en longueur : l'habitat est desservi par un chemin aménagé sur les remblais provenant du creusement des caves, donc en hauteur au-dessus de la vallée. Les « rues des Caves » sont fréquentes en Touraine comme à Beaumont-la-Ronce (route de Marray), à Cinq-Mars-la-Pile... Il y a 150 ans, à Beaumont-en-Véron, on comptait 400 maisons et 90 caves demeurantes.

Ces demeures ne répondent pas à un plan précis car la maison se crée au hasard de l'extraction de la pierre. C'est un habitat souvent modeste, composé d'une seule pièce avec cheminée et four, alcôve pour le lit, le tout fermé en façade d'un mur de moellons avec porte et fenêtre. Au côté se trouve le cellier ou cave à vin. Ce sont souvent les « closiers » qui vivent ainsi à proximité de la maison de leur maître, à l'intérieur de la closerie (propriété souvent viticole), dans une pièce unique. Il en est ainsi à la closerie de La Reynière, à Saint-Etienne-de-Chigny. L'espace diurne est parfois séparé de l'espace nocturne par un rideau, un bat-flanc ou une cloison de tuffeau. L'espace diurne se reconnaît à la « pierre » (la souillarde) proche de la façade pour l'évacuation des eaux, à la cheminée construite, parfois creusée, à son « cagnard » (réchaud à braises) et à des niches aménagées pour les rangements.

On rencontre parfois de véritables ensembles : pièces d'habitation, caves, pressoir, étables, écuries, poulailler, clapiers, atelier, le tout creusé dans le roc. Ainsi La Ruchaie à Thizay, Morin à Lerné et, en Anjou, un ensemble typique que tous peuvent visiter à La Fosse, près de Rochemenier. Ce sont parfois de véritables trous, comme La Vaubelle à Lerné, Le Cruchon à Beaumont-en-Véron ou ceux de Souzay en Anjou (cf. l'article : le mythe des souterrains...). La cave demeurante, sur le flanc de vallée exposé au sud, est une excellente et peu coûteuse adaptation au milieu géologique, climatique (ensoleillement et protection des vents) et aux conditions historiques (utilisation de carrières et économie de place) ; l'entretien est facile et la température constante.

Signe d'une certaine évolution, la cave habitée se double parfois d'une construction en avancée, voire d'une maisonnette détachée du rocher. C'est à partir de 1720 que les premières maisons de Villaines s'implantent devant le rocher. Elles sont parallèles à la paroi ou perpendiculaires, ce qui leur permet de capter au mieux les rayons solaires. Elles dégagent alors une cour qui dessert à la fois le logis et les caves. Toutes ces formes ont existé en même temps. On rencontre, à partir du xv⁰ siècle, des manoirs à tourelles taillées dans la roche comme la maison des Prussiens à Crissay, La Raisonnière à La Roche-Clermault, L'Arsenal à Seuilly ou La Rochinerie à Lerné sont des demeures à étages, avec tourelle d'escalier, à demi-construites et à demi-souterraines. Une modeste demeure troglodytique peut être à l'origine d'une belle propriété comme Les Armuseries à Rochecorbon.

Ce type d'habitat connaît de nos jours une nouvelle faveur, d'autant qu'on est maintenant capable d'ancrer les endroits fragiles par de longues tiges en fibre de verre scellées par de la résine, ou de projeter sur les voûtes de la résine armée de fibre de verre sur un ou deux centimètres d'épaisseur, permettant au tuffeau de « respirer » et offrant une grande résistance.

LES HANGARS EN BRUYERE

Dans l'ouest de la Touraine et particulièrement dans le Pays des Landes (autour de Cléré et d'Ambillou), subsistent d'étranges et imposantes constructions en bois couvertes de bruyère. Le type le plus original se présente comme une toiture à deux versants à pente accentuée (70 degrés) descendant jusqu'au sol. Son ossature est faite de troncs d'arbres écorcés, en général des pins, parfois des châtaigniers, espacés d'environ un mètre, posés à terre ou enfoncés dans le sol. Ces poteaux, en vis-à-vis, sont liés à leur sommet. Une série d'entraits, parfois doubles de part et d'autre des poteaux, soutient en général, à une hauteur variable, un plancher qui permet d'entreposer du petit matériel. La grande originalité de ces hangars est la présence, à l'une de leurs extrémités, d'une abside, tandis que l'autre, en général occultée dans sa partie supérieure par un « nez cassé » (auvent oblique), est laissée ouverte. La poussée de l'abside est contrebalancée par deux jeunes et longs pins écorcés, placés en oblique. Leur tête relie le point de convergence des derniers poteaux de la nef et du sommet de l'abside, et leur base, plus lourde, vient contreforter le pied des deux poteaux d'entrée.

Si l'on prend l'exemple du hangar de La Marinerie à Cléré, l'un des mieux conservés, on note que ces deux pins mesurent 18 mètres, qu'il y a 21 poteaux de chaque côté, en vis-à-vis, posés sur des pierres plates et 11 perches formant l'abside. L'ensemble mesure 20 mètres de longueur, 8 mètres de largeur et 8 mètres de hauteur. Dans le hangar du Bas-Montmartre à Cléré, haut de 8 mètres, on compte 20 poteaux de pins écorcés, enfoncés dans le sol, et 9 perches constituant l'abside. La couverture vient s'accrocher sur 18 niveaux de gaulettes horizontales. Elle est faite de centaines de petits fagots homogènes de brande (la bruyère à balai), répartis en deux couches compactes parfaitement étanches. La couche interne est posée les pieds vers le sol, l'externe les pieds vers le haut ; elles sont fixées par du fil de fer qui a succédé aux liens végétaux comme l'écorce de ronce.

Le résultat est une étrange et séduisante construction apte à protéger le grand matériel agricole d'avant l'agriculture industrielle. La nature végétale de la couverture explique la pente très raide, destinée à évacuer rapidement les eaux de pluie. Le faîtage est parfois protégé par un chapeau de bruyère chevauchant l'amorce des deux versants. L'auvent en nez cassé, ou à pans coupés, arrrondis et à versants obliques, la pente du toit descendant jusqu'à terre et la ligne de faîte en crinière de cheval, parfois plus haute à l'avant, sont tout à fait inhabituels dans l'architecture de notre région.

Il existe un autre type de hangar en bruyère avec des poteaux verticaux, plantés en terre, espacés de 2 mètres, soutenant des sablières (poutres horizontales), supportant elles-mêmes les arbalétriers de la toiture. Leur toit se prolonge parfois assez près du sol. Ainsi le hangar du Boulay, à Cléré, a-t-il été construit en 1953 par l'agriculteur aidé de six personnes qui ont coupé la brande, écorcé et préparé les poteaux de châtaigniers. Il comprend 44 poteaux verticaux dont le sommet, qui porte une encoche sur la moitié du diamètre, soutient des troncs de châtaigniers sur lesquels sont fixés les arbalétriers, rendus encore plus stables par des entretoises formant un triangle. Ce hangar est muni d'une poutre faîtière que l'on ne rencontre pas dans les hangars du premier type. On voit bien comment en est conçu l'auvent : deux troncs obliques partent du pied des poteaux d'entrée vers l'extérieur ; ils sont retenus à mi-hauteur par une entretoise et ils supportent deux poteaux obliques, symétriques, partant du sommet, sur lesquels s'appuient l'auvent et sa couverture, poteaux eux-mêmes maintenus par des entretoises. Cette technique permet d'obtenir de vastes hangars, parfois longs de 30 mètres, hauts de 10 et larges de 8, dont le volume intérieur est totalement utilisable. Le hangar des Haies Bodineaux, à Ambillou, apartient à ce type avec 57 poteaux verticaux de 30 à 50 cm de diamètre ; il mesure 8 mètres de haut, 7 mètres de large et 20 mètres de long.

Ces constructions sont appelées « hangars » (en bruyère) en Gâtine, « lorgeaux » en Bourgueillois, « balets » en Chinonais (cf. le hameau du Grand-Balet au nord de Chinon) ou « loges » à la frontière du Maine. On ne doit toutefois pas les confondre avec les loges, anciennes demeures en bois des charbonniers, bûcherons et sabotiers, appelées aussi « culs de loups » en Berry (Sologne) et en forêt d'Orléans. Ce dernier type de construction n'existe plus en Touraine (1), mais il en reste quelques exemplaires en Bretagne et dans le Maine : c'est un édifice beaucoup plus modeste, à plan rectangulaire ou circulaire, à sol surcreusé et à foyer dans le sol en position centrale. Les loges étaient des habitats temporaires de tradition très ancienne. En est-il de même pour nos hangars ?

---

(1) Nous avons retrouvé la trace au sol d'une grande loge en forêt d'Amboise, à proximité de l'enceinte médiévale des Grandes Entes.

auvents caractéristiques

hangar en bruyère

détail
d'une
charpente

L'étude des archives confirme l'ancienneté des loges, mais on ignore quel était leur type : elles sont attestées en Anjou aux XIe et XIIe siècles (*lociae* ou *logiae* dans le cartulaire de Fontevrault). Les hangars ont été édifiés jusqu'à une dizaine d'années après la guerre. Beaucoup furent construits en pays de landes ou de pinèdes, pendant les hostilités ou immédiatement après, du fait du manque de tôles ondulées. L'analyse de leur structure révèle la présence de caractères archaïques dont l'auvent et l'abside qui ne fait pas gagner beaucoup de place mais qui contribue à conforter l'ensemble. Ces caractères ne s'inscrivent guère dans la ligne normale de l'évolution de ce type de construction. La sablière (poutre horizontale) reposant sur une file de gros poteaux porteurs évoque indubitablement les constructions de l'Age du Fer révélées par la photographie aérienne et les fouilles récentes. Si aucun témoignage archéologique ne vient corroborer l'hypothèse d'une continuité qui irait de la Préhistoire au XXe siècle, nous pouvons cependant citer la tradition baugeoise qui veut que ces constructions soient la conservation de la forme de la grande hutte des Andes ou Andécaves, Gaulois habitant dans le nord-est de l'Anjou. Rien ne signale non plus la parenté de formes avec celles de la ferme de la Forêt-Noire avec l'auvent similaire et le toit à forte pente. Rappelons, à ce propos, la tradition qui, bien qu'archéologiquement contestable, fait des Turones des Celtes partis de la vallée du Main.

Laisser disparaître ces hangars, c'est perdre une technique de construction originale, un patrimoine architectural et peut-être un legs ethnologique. Les plus anciens peuvent se prêter à une étude ethno-archéologique et c'est pourquoi il faut les conserver ; mais il est tard. Le temps que nous rédigions cet article, on vient d'abattre celui (en bon état) de Courtabon, à Savigné-sur-Lathan.

Peu de charpentiers savent encore les construire (2). Il est temps qu'ils transmettent leur savoir et que certains mettent

---

(2) Maurice Carré, un retraité demeurant à La Girardière, commune d'Ambillou, sait encore les bâtir. Plusieurs agriculteurs de Cléré, dont l'ancien maire, ont eu jadis l'occasion d'en construire. Pour la première fois semble-t-il depuis trente ans, un hangar en bruyère vient d'être édifié par le personnel agricole et forestier de Madame Chevreux, à La Chapelière, à Ambillou.

leur passion et leur argent dans l'achat et la réfection de ceux qui menacent ruine. Il convient que les collectivités prennent le relais des particuliers : on peut en faire des refuges forestiers (3), des abris sur les aires des futures autoroutes tourangelles, en regrouper quelques-uns dans un écomusée, etc. Nous souhaitons vivement que notre appel soit entendu, et pourquoi pas une association pour la conservation des hangars en bruyère ?

Où peut-on voir les derniers hangars en bruyère de Touraine ?
— Ambillou :
    - La Glaume (à l'est du bourg),
    - Les Haies Bodineaux (au sud de Pernay),
    - La Chapelière (route de Souvigné),
    - Les Landes (au nord-nord-ouest du bourg).
— Chouzé-sur-Loire :
    - Le Montachamp (deux hangars dont l'un construit en 1953).
— Cléré-les-Pins :
    - La Travaillarderie, au sud du bourg, route de Mazières (toiture récemment refaite),
    - La Flonnière, à l'ouest du hameau des Cormiers (sur la vieille route d'Angers à Champchevrier),
    - Le Bas-Montmartre (au nord du château de Champchevrier),
    - La Marinerie (à l'ouest du Bas-Montmartre),
    - Le Boulay (route de Château-la-Vallière),
    - La Jarreterie (près du château de Champchevrier).
— Jaulnay : près du château du Chillou.
— Luynes :
    - La Chaume, au nord du bourg, sur la route de Pernay.
— Pernay : près du bourg.
— Saint-Michel-sur-Loire :
    - La Guerche (au nord-est de Pont-Boutard).
— Sonzay : route Tours - Château-la-Vallière, à droite, après Le Signal.

---

(3) Un propriétaire a ainsi fait faire un abri de 3,50 mètres de haut dans la forêt située à 700-800 mètres à l'ouest du bourg de Cléré, sur la route de Hommes.

9

Sites oubliés

la grotte de la Sybille

LE VALLON DU CROULAY

C'est un vallon superbe et mystérieux du Bourchardais, déjà évoqué par Rabelais puisque là demeurait la Sibylle : *On m'a dit qu'à Panzoust, près le Croulay, est une sibylle très insigne, laquelle prédit toutes choses futures...* Dans le bourg de Panzoult, on prend la route qui, vers le nord, remonte la vallée du ruisseau du Croulay dont les eaux claires descendent des landes du Ruchard. André Hallays a fort bien dépeint l'impression qu'on ressent lorsqu'on emprunte le vallon au-delà du château de Panzoult dressé sur la pente du coteau : *Ses prairies, ses saulaies, ses blanches maisonnettes lui donnent l'air riant du bon petit vallon tourangeau. A un détour, brusquement l'aimable paysage change d'aspect : les deux coteaux s'élèvent, se rapprochent et se revêtent de taillis épais ; des pins apparaissent sur les crêtes. C'est un site mystérieux, sévère, presque sauvage...*

On arrive à une levée qui barre le vallon et retient un étang aux eaux très calcaires, comme en témoignent la profusion de plantes immergées, visibles par transparence. A cet endroit, la réfection du moulin et des vieilles demeures devenues résidences de vacances et une privatisation apparente de l'espace font hésiter à emprunter le chemin rural.

A la corne nord-est de l'étang, au-dessus de la digue, des pièces troglodytiques, où jadis se voyaient encore des peintures à sujets grotesques, sont, d'après la tradition, la « Grotte de la Sibylle ». Rabelais nous apprend que la devineresse vivait dans une *case chaumine* construite en avant de la partie souterraine.

Deux chemins ruraux remontent le vallon de chaque côté ; celui de l'ouest, en meilleur état, va plus loin et serpente au-dessus du marais. La solitude grandit, et il n'est point conseillé à ceux qu'impressionnent les randonnées solitaires au sein d'une nature exhubérante de partir tard par un jour sombre d'hiver. Sur la gauche est un vallon secondaire, au fond occupé par un taillis humide : le ruisseau de la Rue de Chèvre y déborde fréquemment, déposant des sables arrachés à la lande récemment défrichée. En le remontant sur environ 500 mètres, vous pourrez, avec un peu de chance, retrouver sur la rive gauche, au milieu de la pente et à 50 mètres du ruisseau, une superbe fontaine au bassin rectangulaire qu'ignorent toutes les cartes, même les plus précises.

A ce niveau, le vallon du Croulay est loin d'avoir livré tous ses secrets. Cependant, après les émouvantes ruines du Petit-Croulay, le long du chemin, on se heurte à une vaste clôture de 2 mètres de haut. C'est que le cœur du vallon est un « enclos de chasse ». En France, sous réserve d'enclore totalement une forêt sur 2 mètres de haut et de déclarer qu'on y élève du gibier, on peut chasser toute l'année, même en période de fermeture générale. C'est ce qui se passe au Croulay. Si l'on veut visiter la partie haute, il faut demander une autorisation téléphonique au propriétaire, passer par la route de la vallée Moron, plus à l'est, et se présenter à l'entrée de l'enclos.

Adossée au rocher, la demeure seigneuriale du Croulay, qui date du XVe siècle, est ravissante avec son escalier de pierre protégé d'un préau. Un peu plus en aval, à flanc de coteau, nous avons trouvé un site de taille de meules gallo-romaines à partir du « chenard » ou silex dur de la craie locale. Plus en aval, la vallée conflue avec celle du ruisseau de la Madeleine, moins de 100 mètres à l'est de l'ancien couvent des Cordeliers. Entre le Croulay et cette confluence, une série d'habitats troglodytiques fort anciens s'alignent au pied du coteau. Ils attendent d'être fouillés et étudiés avec minutie.

Le couvent des Cordeliers, abandonné avant la Révolution, n'est plus que ruines parmi les arbres ; on reconnaît les quatre murs de la chapelle munis de leurs pots accoustiques, ainsi que diverses caves. Plus en amont, sur le ruisseau de la Madeleine, commune de Cravant, dans un lieu encore plus désert et boisé, on peut admirer les murs de la chapelle Sainte-Madeleine dont le chœur est une grotte. Elle communique, au sud, avec une cellule dans le roc d'où jaillit une fontaine. L'eau gagne un bassin situé dans la chapelle. On ne peut s'empêcher de penser aux cohortes de fidèles qui, après 1950 encore, traversaient les grandes landes de Cravant pour venir en pèlerinage prier sainte Madeleine et se soigner les yeux à la source guérisseuse (cf. l'article : « Cinq sanctuaires avec sources »). *Sic transit gloria mundi.*

Ce vallon mérite d'autant plus d'être épargné que la nature y est souvent en robe d'apparat : en mai, les sourcins et les marais calcaires s'ornent en particulier d'orchidées rares. Souhaitons-lui donc de rester ainsi longtemps protégé.

LE CHAMP DE FOIRE
ET LA CHAPELLE DU BOIS
DE SAINT-GILLES

Jusqu'à la fin du siècle dernier, tous les 14 septembre, une animation tout à fait inaccoutumée régnait sur les chemins sablonneux montant vers les vignes et les landes occupant les hauteurs du bois de Saint-Gilles, sur les communes de Razines, Jaulnay et Braslou. Où se dirigeaient donc tous ces gens endimanchés, ces belles aux caracos brodés, ces drôles joyeux, ces paysans portant chapeau et menant d'interminables files de bêtes ? « Pardié ! A la foire de Saint-Gilles ».

Quoique très peu habité, le plateau n'était pas le désert actuel. Il fallut arriver à 1885 et au phylloxera pour que soient, peu à peu, abandonnées les vignes et que passent les dernières troupes de villageois convergeant, une fois l'an, vers le centre du bois. Depuis des temps immémoriaux, s'était tenue là, une journée durant, une foire champêtre, comparable à « l'assemblée de Lencloître », à la frontière de Rouziers et de Beaumont-la-Ronce. Fort célèbre au Moyen Age, elle s'éteignit, comme bien des vieilles foires, avant la fin du siècle, quand les acheteurs ne fréquentèrent plus que les villes desservies par le chemin de fer.

A 800 mètres au sud du champ de foire où, de nos jours, un épais bois de pins maritimes a remplacé les vignes, se dressait la chapelle Saint-Gilles-des-Cols construite au XIIIe siècle. On peut encore voir dans une vaste clairière, à quelques centaines de mètres au sud du grand chemin qui traverse les bois de Saint-Gilles, l'emplacement de la chapelle disparue. On devine une butte de quelques 60 mètres de long et de quelques décimètres de hauteur où l'on retrouve des blocs de tuffeau blanc, des clous, des tuiles à rebord et des tessons du Moyen Age. La chapelle aurait-elle été construite sur un tumulus ? La butte semble plutôt due à l'amoncellement des matériaux de construction. Elle tombait en ruine à la fin du siècle dernier et le début du nôtre la vit disparaître. Au-dessus de la porte d'une vieille maison de vigne, à l'est du carrefour du grand chemin traversant la lande et de l'ancien chemin de Jaulnay à Luzé, on peut voir un chapiteau qui sans doute lui appartenait.

La foire rassemblait surtout bestiaux et chevaux. Saint-Gilles est habituellement le saint patron de ces marchés champêtres. On en connaît d'autres, comme la foire-pèlerinage de Saint-Gilles à Saint-Christophe-sur-le-Nais, chaque premier septembre. Les festivités y duraient trois jours. Ce pèlerinage se maintint jusqu'en septembre 1914, mais il y eut encore des processions à la « chapelle du coteau » après 1918.

Hors de Touraine, on peut citer la foire aux melons et aux bêtes qui se déroulait le 2 septembre, sur la commune de Saint-Gilles, dans l'Indre. Le champ de foire se trouvait à un kilomètre du bourg, le long de la grand-route (une ancienne voie romaine) allant de Saint-Benoît à Argenton.

Ces foires rurales isolées sont très anciennes et généralement de tradition gauloise. Les sites où elles se déroulaient étaient occupés de longue date et marqués d'une signification religieuse. Ainsi, à proximité de la chapelle Saint-Gilles-des-Cols, coulait-il une source dont les eaux, réputées guérir la folie, étaient l'objet d'un culte, probablement dès l'époque gauloise. Un pèlerinage chrétien se substituant au rite païen fut sans doute à l'origine de la foire. Le fait n'est pas unique ! Au XVIIIᵉ siècle, sur le Mont Beuvray, près d'Autun, à l'emplacement de la ville gauloise de Bibracte alors bien oubliée, dans un site devenu tout à fait sauvage, se tenait, une fois l'an, une grande foire champêtre... à deux pas d'une chapelle Saint-Martin.

Ces foires ancestrales se sont également tenues dans des lieux que les Romains créèrent, après la conquête de la Gaule, pour mieux la tenir en main. Points de rencontre et d'échanges entre les tribus, ces lieux qui comportaient un temple, des bains publics et un centre commercial (le *forum*) étaient appelés *conciliabula*. Le *conciliabulum* se situait le plus souvent aux frontières des

ave demeurante du coteau de Sainte-Rade-
onde à Chinon, non loin de la chapelle. Elle
·trouve dans un alignement de demeures
oglodytiques dont certaines remontent au
aut-Moyen Age. Bien exposées au sud, elles
nt abritées des vents du nord par le
·bord du coteau et sises largement au-
·ssus des brouillards du fond de la vallée.
l'époque moderne, le quartier a peu à peu
·rité de petites gens, des pauvres hères et
·ême des personnes ayant maille à partir

avec la justice puisque l'une d'entre elles
fut guillotinée. Mais de nos jours, on appré-
cie à nouveau le charme de ces caves demeurantes qui sont restaurées. Noter l'abri
médiéval du puits et les iris agrémentant le
rebord du coteau (Cl. M. Magat).

Splendeur déchue du Grand Argentier du
Roy et malheurs de la guerre... la façade de
l'hôtel de Beaune-Semblançay (Cl. M. Magar

territoires des tribus et notre champ de foire, aux confins de la Touraine et du Poitou, accueillait probablement autant de Turons que de Pictaves. Les frontières de nos départements sont souvent celles des tribus gauloises.

La chapelle Saint-Gilles a disparu et la source n'a pas été retrouvée. La clairière plantée de vignes où se trouvait l'édifice a été bouleversée, il y a quelques années, et transformée en une vaste parcelle labourée. De tout cela restera-t-il au moins le souvenir ?

LA CHAPELLE DE BOURG
A SEUILLY

Il y a bien longtemps qu'il a dû y avoir un office dans cette chapelle, s'il y en eût jamais... Est-ce bien même une chapelle ? Ce site énigmatique se trouve dans le bois de Bourg, 1 500 mètres au nord-ouest du centre de Seuilly. Prendre le chemin partant des Piottes vers le nord, continuer tout droit ; une fois monté en forêt, prendre le premier chemin à droite, puis à nouveau le suivant à droite. On rencontre d'abord des tertres allongés, de terre et de pierres, recouverts de mousses, que nous interprétons comme les buttes d'une ancienne garenne (cf. l'article sur les garennes). Quelques centaines de mètres plus loin, sur la droite du chemin en montant, la végétation forestière change. On découvre une enceinte de grands fossés dont le talus interne est relevé aux angles. Au centre, partout des tas de pierres calcaires sous la viorne, la garance et la pervenche, correspondant à des murs écroulés. Il semble que l'on puisse deviner la présence de quatre pièces sur le côté nord dont une grande (la chapelle ?) dans l'angle nord-ouest. Les constructions forment un retour jusqu'à la porte de l'est ; de même, il devait exister une construction dans l'angle sud-ouest. Le cadastre ancien montre que l'enceinte est postérieure à de petites parcelles, ce qui lui donnerait un âge relativement récent.

On dit dans la commune que les Protestants ont occupé ce bois, mais peut-être parce qu'on a jadis interprété les buttes de la garenne comme des redoutes faites pour protéger des canons de siège. La tradition rapporte la même chose pour les buttes de la garenne proches de l'abbaye de Turpenay, à Saint-Benoît-la-Forêt. Le terme « Bourg » pourrait venir du bas-latin *burgus* qui désigne une fortification primitive de la fin de la période romaine. Nous ne sommes ici qu'à un kilomètre à l'ouest, à vol d'oiseau, du « Petit Camp » gaulois de Cinais. Qui sait si nous n'avons pas là la christianisation éventuelle d'un site païen ? Un peu plus au sud de l'enceinte, on rencontre dans le bois un tertre rond d'environ 1,50 mètre de haut et de quelques mètres de diamètre. Des fouilles sur le site satisferaient sans doute notre curiosité, mais il est agréable de rêver sur ces ruines solitaires...

LE PRIEURE DE MONTOUSSAN

La Touraine possède, au sein de ses forêts, nombre de prieurés en ruine (cf. « Le vallon du Croulay »), mais la visite de Montoussan est particulièrement émouvante. Sa construction remonte à 1198. Après la Révolution, il a été racheté comme bien national par un homme dont le fils fut torturé par les chauffeurs qui s'en prenaient aux acquéreurs de ces biens. Acquis par le duc d'Orléans en 1826, il n'a été démoli qu'en 1842. Par la suite, son enclos, ses dépendances et le lit de ses deux anciens étangs ont été reboisés.

Comme tous les prieurés grandmontains de Touraine (Bois-Rahier ou Grandmont au sud de Tours, Villiers à Villeloin, Hauterive à Yzeures, Fontmaure à Vellèches, Clairfeuille au Grand-Pressigny et Pommier-Aigre à Saint-Benoît-la-Forêt), Montoussan était, au temps de sa splendeur, isolé dans une clairière de la forêt d'Amboise. La modicité des espaces cultivés autour de leurs couvents montre que les grandmontains n'étaient pas d'aussi grands défricheurs que les bénédictins de Bois-Aubry ou de Turpenay, ou les cisterciens de Fontaine-les-Blanches.

On peut se rendre au prieuré depuis le sud-ouest du village de Souvigny-en-Touraine en prenant, près de la croix Bordebure, le chemin qui se dirige vers la forêt. Le couvent n'est qu'à trois ou quatre centaines de mètres à l'intérieur de la forêt.

Les murs de son église Saint-Laurent sont encore assez hauts pour que l'on aperçoive des pots accoustiques, comme au Croulay ou au Liget, et des traces de fresques sur le mur nord (croix pattées, ange, Vierge à l'enfant...). Pourquoi diable avoir précipité la ruine d'un aussi bel édifice ? C'était une élégante construction du XIIIe siècle avec nef unique, voûtée en berceau brisé, soulignée d'arcs doubleaux, avec un chœur à trois pans caractéristiques des églises grandmontaines tardives, et un chevet plat. On devine encore l'amorce de la tour carrée.

A proximité immédiate, au pied du coteau nord, on remarque une cave voûtée où, selon une tradition locale, une bande de faux-monnayeurs était au travail au début du XIXe siècle. Au sud-sud-ouest du couvent, on peut voir, coupées par l'allée du Châtelier, les deux digues des anciens étangs des moines, ce qui rappelle le cas d'Aiguevive, de Turpenay ou de Berneçay (Saint-Quentin-sur-Indrois).

10

Splendeurs déchues

A TOURS : UN GRAND MUR RENAISSANCE DANS UN SQUARE

Face au bel hôtel XVIIIe siècle de la Chambre de Commerce, dans une cour enclavée par les bâtiments de l'époque de la Reconstruction, entre la rue Jules-Favre et la rue Nationale, on découvre un grand mur percé de baies : une somptueuse façade Renaissance italienne, datée de 1518. C'est un fragment de l'aile nord de l'hôtel de Jacques de Beaune, baron de Semblançay, qui l'a fait construire après avoir été nommé, en 1517, « Général des finances du roi ». Le pauvre finira pendu à Montfaucon, en août 1527, pour cause de malversations. C'est ce qui reste de son hôtel après les incendies dûs aux bombardements allemands de juin 1940 que nombre de Tourangeaux continuent, à tort, d'attribuer aux Italiens.

Décorée de frises avec médaillons, pilastres et cordelière, cette façade donne une idée de l'opulence de la demeure. Au sud de l'espace appelé « Jardin de Beaune-Semblançay », on remarque les baies en anse de panier de la chapelle accolée à un bâtiment moderne, à l'étage sur galerie ouverte, et décorée de médaillons à l'antique, d'ailes et de cordelières.

Le jardin est agrémenté par une splendide fontaine Renaissance : la Fontaine de Beaune qui, après avoir beaucoup voyagé, a été rapatriée, en 1957, non loin de son implantation initiale. Elle était primitivement au « Carroi de Beaune », un peu plus au nord-ouest, où elle distribuait l'eau de Saint-Avertin. La percée de la rue Royale (actuelle rue Nationale) la fit démonter en 1776, stocker pendant 40 ans, puis remonter sur la place du Grand-Marché. Sa pyramide centrale, haute de 4,20 mètres, est faite de quatre blocs de marbre blanc que Jacques de Beaune avait fait venir de Carrare, tandis que la vasque est en pierre grise de Volvic.

Elle a été sculptée, en 1517, par les neveux de Michel Colombe : Martin et Bastien François, probablement sous l'œil attentif du Maître.

On y voit le blason de Beaune, celui de Louis XII et d'Anne de Bretagne et les blasons de Tours. Elle a perdu ses peintures (azur et or), sa couronne (que l'on pourrait remplacer) et les statues de Notre-Dame et de sainte Madeleine, démontées par les Protestants. De cet espace archéologique qui a fière allure, l'automobile devrait être bannie pour la joie des piétons et des touristes.

LES CHATEAUX DE LA TOURBALLIERE

Si la visite d'un grand château en ruine suscite l'émotion et réveille la sensibilité plus ou moins vive de chacun (cf. « Le château de Montgauger »), que dire lorsqu'on a, séparés par une ancienne cour, deux châteaux en ruine : le vieux et le jeune. Tel est le cas à La Tourballière, deux kilomètres à l'ouest du bourg de La Celle-Saint-Avant.

Laissées à l'abandon, ces altières demeures n'ont plus de toit depuis les années soixante ; cependant, on est étonné de leur fraîcheur dans la mesure où les murs ne sont pas dégradés. Le vieux château est une demeure du xve siècle, remaniée au xviiie par les Voyer d'Argenson et au xixe par la famille de Murat. Seule, la tourelle pentagonale, coiffée en poivrière et en avancée sur la façade ouest, n'a pas été modifiée. Les murs, deux cheminées et d'intéressants communs à passage voûté témoignent, avec la tourelle, de l'élégance du manoir primitif. Sous le bâtiment, existe un souterrain-refuge avec un puits et trois salles reliées par des couloirs.

Le nouveau château est dû à la famille de Murat. D'un blanc éclatant, il paraît en parfait état et l'on est surpris de n'y point voir de toit. Au centre de la longue façade, se détache une remarquable colonnade double, aux fûts cannelés, surmontée d'un tympan triangulaire, décoré d'un blason dans le style du xviiie siècle. Sous les fenêtres, le soc de la charrue retourne la

La Tourballière   nouveau château

château
ancien

terre du parc et les anciennes allées ; la tuile, l'ardoise et les fragments de poterie abondent dans les sillons ; juxtaposition insolite d'une humble activité agricole avec le vivant souvenir d'une noblesse oisive.

LE CHATEAU D'ARGENSON A MAILLE

Beaucoup ignorent qu'au nord de la commune de Maillé et à l'est du camp militaire de Nouâtre, subsiste l'ancienne paroisse d'Argenson qui n'a jamais dépassé la dizaine de maisons. La grande famille de Voyer d'Argenson de Paulmy avait voulu créer là son petit Richelieu. Outre une ferme, il subsiste les ruines de l'église paroissiale, un prétoire et une très belle allée de platanes qui mène au château perdu au milieu des blés. Le parc est maintenant cultivé, la pièce d'eau masquée et le château lui-même amputé. Avec ses beaux pavillons d'entrée isolés dans les champs, l'ensemble est parfaitement insolite. Cependant, chaque élément pris séparément est tout à fait digne d'intérêt. L'imagination permet aisément de reconstituer la vie, à Argenson, du Ministre des Affaires Etrangères de Louis XV dont le frère, Ministre de la Guerre, était le propriétaire du château des Ormes.

Tel le débordement d'un lac en crue, le flot des plantes cultivées enveloppe le château et noie ses abords. Les baies s'ouvrent tantôt sur le maïs, tantôt sur les colzas et, plus loin, la « fuie ouverte » (dès l'origine dépourvue de toit) est ceinturée par les blés. Sans son parc, le bâtiment paraît nu et austère, d'autant qu'à l'est on voit les arrachements d'une partie détruite qui sépare l'ancienne maison-forte, bâtie vers 1440, de la partie xviie (1670). Dans l'église, édifiée en 1673, les arbres s'élèvent vers la lumière qui arrive par le toit effondré. Pourtant, l'une des quatre chapelles abrite le tombeau de la famille et de René Voyer d'Argenson, son constructeur... De l'autre côté de la place, un délicat édifice à arcades (maintenant condamnées) était le prétoire où siégeait la cour seigneuriale. La fière devise : *in justicia judicabo* se devine encore aux traces laissées par les lettres disparues. Tout à côté, est rangé le matériel agricole de la ferme :

on a peine à croire qu'il y avait là un bourg qui eut un temps jusqu'à quatre foires par an. A partir de Marc-René Voyer d'Argenson, grand bailli de Touraine, qui mourut à Paris en 1842, la famille déserta le château.

Sic transit gloria mundi : ainsi passe la gloire terrestre, mais de la décadence peut renaître la grandeur... Monsieur d'Harcourt, actuel propriétaire dont la grand-mère était une d'Argenson, entreprend, pas à pas, la restauration intérieure de ce château longtemps abandonné.

MONTGAUGER

A mi-pente d'un versant, bien en vue dans une clairière, Montgauger est un superbe château dont les quatre grosses tours rondes témoignent de son origine Renaissance... Oui, mais voilà : il n'y a plus de toit et, en s'approchant, on peut voir les arbres qui poussent dans ce qui fut les salons. En 1883, au cours d'une fête... des cendres de cigarette tombées sur un tapis déclenchèrent un feu généralisé. L'aile est, en partie épargnée, fut restaurée ; les Allemands s'y installèrent en 1940 et y commirent de gros dommages ; en 1943, dans des conditions similaires, un incendie ravagea le château. Il en est peut-être des demeures comme des êtres vivants, certains n'ont pas de chance et nous songeons aux grands châteaux d'Irlande sans cesse ruinés depuis l'époque de Cromwell. Comme eux, Montgauger est une ruine qui parle.

Les lianes dans les chambres, la disposition des arbres dans le hall d'entrée ou le salon d'honneur, tel ou tel détail architectural ou domestique sont autant de tableaux d'une visite étrange... et dangereuse ! Grâce aux grandes baies, il suffit de faire le tour extérieur du bâtiment pour que la vue seule y pénètre et vous offre le spectacle d'une profusion de vie végétale qui s'enracine dans un biotope pour le moins inhabituel.

Non loin, de superbes écuries du XVIIe siècle ont leur toit percé et enlierré depuis quelques années ; la charpente minée va s'affaisser sous peu. Il serait encore temps de préserver l'harmonie de cette construction. Isolée près du ruisseau, une belle tour carrée, coiffée d'un toit à quatre pans et flanquée d'une tourelle cylindrique commence à disparaître sous un fouillis végétal... Saint-Epain, qui avait pourtant réparé le lavoir de Courtineau, va-t-elle devenir la commune des ruines ? Elle vient de laisser s'effondrer la hucherolle (la seule qui pouvait encore être réparée en Indre-et-Loire) du superbe moulin à cavier sis un peu à l'est de Montgauger. Deux officiers prussiens y avaient, en 1871, gravé leur nom en lettres gothiques sur les pierres du massereau.

11

Trésors de nos forêts

alignement des Trois-Chiens
blocs principaux

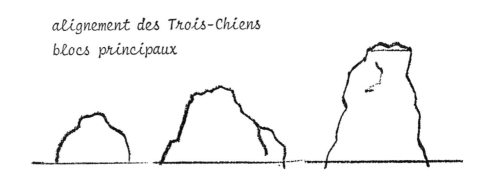

mur du Vieux-Châtellier
émergeant de la verdure

le plus grand des Trois-Chiens

LES TROIS CHIENS A RILLE

Il s'agit de six blocs de pierre siliceuse (trois grands et trois petits) alignés au sein d'une épaisse pinède de la lande des Trois Chiens proche du territoire de Continvoir. On les considère comme un alignement préhistorique, orienté grossièrement est-ouest. En fait, l'alignement est légèrement « cassé » à 175 degrés au niveau du bloc médian.

Ce qui est curieux, c'est moins leur nom, sans doute lié à la très vague ressemblance des deux plus grands menhirs : le central (1,80 mètre) et l'oriental (2,60 mètres), avec la silhouette d'un chien assis, que le fait qu'ils soient considérés comme le seul alignement préhistorique de Touraine. En effet, on passe toujours sous silence les alignements, mesurant parfois plusieurs centaines de mètres de long, des landes de Cravant et des deux camps : de Brenne (voir les articles sur ces deux sujets) et de Cinais.

Situés à 3,8 kilomètres à l'ouest-sud-ouest du bourg de Rillé, les Trois Chiens se trouvent à 100 mètres d'un curieux enclos hexagonal de fossés, large de 130 mètres, et à 600 mètres au nord de la source appelée la Fontaine Bouillante (1). Le plus petit des trois grands blocs, affaissé depuis 1894, ne dépasse du sol que d'environ 0,50 mètre. Entre le central et l'oriental, s'intercalent un bloc de 1,35 mètre de long, déterré et déplacé depuis 1963 (on voit encore l'emplacement qu'il occupait), et un bloc dépassant du sol de 0,25 mètres ; entre le central et l'occidental qui est

---

(1) Dans son inventaire des mégalithes du Loir-et-Cher, Claude Leymarios a remarqué que 20 dolmens sur 41 au total étaient accompagnés de sources dans un rayon de 100 à 200 mètres...

renversé (longueur 1,50 mètre), on trouve un bloc à plat dépassant du sol de 0,15 mètre.

La solitude des lieux n'est guère propice à leur conservation en l'état. Comment empêcher certaines personnes de croire, bien à tort, qu'il peut y avoir un trésor quelconque sous ces pierres ?

LE VIEUX CHATELLIER A PANZOULT

Il existe un vallon solitaire, tout à fait comparable à celui du Croulay, qui s'ouvre 700 mètres plus à l'est sur la vallée de la Vienne. Egalement pourvu d'un ruisseau, mais plus étroit, il remonte presque aussi loin à travers la forêt et la lande jusqu'à la Fontaine Blanche. Près de cette source, dans une parcelle maintenant reboisée en pins, ainsi que dans le champ voisin, nous aperçûmes d'avion des cercles larges et sombres, interrompus : sans doute des fossés délimitant d'anciennes tombes de l'Age du Fer.

A la différence du Croulay, c'est un vallon de bout en bout solitaire. Lorsqu'on le remonte, le chemin devient bientôt un sentier ; la clairière se termine et, pour éviter de perdre la sente dans le bois, il faut suivre le ruisseau. Le vallon se rétrécit ; on devine d'anciennes prairies linéaires et on débouche dans une friche où, sur la pente, à droite, se trouve l'ancienne ferme du Tai environnée de vieux arbres fruitiers. Après un nouveau passage en forêt, la remontée du vallon mène dans une peupleraie, à la confluence de deux ruisseaux. On se trouve au pied de la ruine du Vieux Châtellier, à 500 mètres au sud-est de la ferme du Châtellier, où on peut laisser une voiture pour le retour, et à 2,5 kilomètres à l'est du couvent du Croulay.

Il s'agit d'un château du XIVe ou du XVe siècle aux murs encore élevés en carré autour d'une cour centrale, dont la partie sud et sud-ouest est encore en élévation. Ce qui intrigue, compte tenu de son nom désignant souvent une enceinte antique, c'est qu'il aurait pu justement succéder à l'une d'entre elles. En effet, sauf au sud où se trouve le logis, on peut voir partout des fossés profonds et un talus relevé aux angles. Les murs paraissent

Page suivante :

Église en ruine de l'ancienne paroisse d'Ar-
enson à Maillé. Intacte au début du siècle,
lle est maintenant envahie par la végétation
Cl. M. Magat).

Devant la chapelle et la sacristie troglody-
tiques de Notre-Dame de Lorette, l'esplanade
qui accueille les pèlerins lors du pèlerinage
annuel (Cl. M. Magat).

avoir été édifiés sur le talus interne d'une enceinte antique ; au-delà du fossé, subsiste un talus externe. Cette ruine solitaire, où l'on a visiblement fouillé clandestinement pour retrouver les caves, s'appelle le « Viraudeau », nom à consonnance barbare qui mériterait une exégèse. En cherchant dans les fourrés, on peut retrouver, au pied de la butte, la fontaine du Tai (ou Té) dans le bassin de laquelle fut trouvée une hache de l'Age du Bronze final (environ 850 ans avant Jésus-Christ) : une hache à douille et anneau latéral avec un décor simulant des ailerons. Le site a bien été occupé à une époque ancienne et d'autres traces subsistent peut-être sous les frondaisons.

LE FOUR A CHAUX DU BOIS DU MORTIER

Les forêts sont un remarquable conservatoire des structures archéologiques et des vestiges d'activités artisanales et même industrielles. Dans le bois du Mortier, à Monnaie, la route allant de Monnaie à Nouzilly coupe le ruisseau de l'Orfrasière après son confluent avec le ruisseau de la Bornéchère. Sur la rive droite de ce dernier, on peut voir d'anciennes carrières dans le tuffeau jaune. Si l'on suit le front de taille vers l'est, on découvre soudain, dans la paroi, la bouche d'un four. Pas de doute, c'est un four à chaux, mais de petite taille et d'un modèle ancien. Il est construit en briques, enchâssé dans la paroi de craie, celle-là même qu'il transformait en chaux. En montant au-dessus de la lèvre de la carrière, on peut en voir le gueulard. Hormis quelques briques tombées au sol, le four est en bon état. Un spécialiste nous en donnerait l'âge : XVIIe-XVIIIe siècle ?

On trouve aussi des fours à chaux dans les parcs de nos grands châteaux : on les bâtissait avant les travaux de manière à disposer de la chaux nécessaire à leurs construction. Un des plus importants forme un grand monticule planté de cèdres à l'extrémité sud d'Ussé. Un autre, que nous n'avons pu voir, se trouve au sud-ouest du parc de Montgauger à Saint-Epain. Il arrivait même qu'on installât un four près des ruines d'un château pour en récupérer les pierres de taille sous forme de chaux.

Nos forêts tourangelles abritent encore les ruines de fours métallurgiques comme au lieu-dit Bois Bernay, sur la commune de Charnizay, en forêt de Preuilly-sur-Claise ; de même des fours à tuiles ou à carreaux. Hors des bois, de tels fours forment parfois de grands monticules isolés, couverts de fourrés ou d'arbres comme au Fourneau, au sud de La Piardière, à La Ferrière ; à La Tuilerie, à Chanceaux-près-Loches, ou au Chillou, à Luzé. A l'est de la forêt de Beaumont-la-Ronce, nous avons même trouvé les bases de deux fours de potiers romains avec des scories et un peu de matériel ayant permis la datation.

Bien des structures de ce genre restent à découvrir en Touraine pour des observateurs attentifs.

12

Demeures
de nos ermites

LES GROTTES DE MARMOUTIER

L'érémitisme en Touraine est en partie lié au troglodytisme : les ermites et les premiers moines, lorsqu'ils ne vivaient pas dans une hutte en forêt, creusaient leurs cellules et leurs oratoires dans le roc au flanc de nos vallons. La tradition assure que, vers 250, saint Gatien disait la messe, en dehors de la ville païenne, dans une « cella » troglodytique qui porte encore le nom de « grotte » de saint Gatien ; c'est contre elle que fut bâtie l'église de Sainte-Radegonde au VIIᵉ siècle. De nos jours, on y accède par une porte vitrée située à l'intérieur de l'église actuelle. Ainsi vécurent Antoine à Saint-Antoine-du-Rocher, les ermites de La Garenne au nord du bourg de Ferrière-sur-Beaulieu, Salbœuf dans une « cave » tout près du château de Grillemont, à La Chapelle-Blanche, un autre près de la source de Sainte-Madeleine dans le vallon du Croulay, etc.

Le couvent de Marmoutier, parce qu'il est la création de saint Martin, conserve quelques-unes des grottes primitives qui abritèrent les quatre-vingts disciples du thaumaturge. Elles sont parfois désignées sous les noms les plus arbitraires. On donna le nom de « grottes » aux habitats, cellules et oratoires dans le roc, à l'instar de la tradition érémitique orientale. De la même façon le « désert » où, selon les textes, se trouvaient nos ermites était en général une forêt. L'histoire de Marmoutier est en même temps celle d'une conquête de l'établissement monastique sur la falaise qui recule ou s'éboule, sapée par les galeries ou les « grottes ». *La plupart* (des frères) *s'étaient fait des abris en creusant dans la roche du mont qui les dominait* (« Vie de saint Martin » par Sulpice Sévère).

La grotte du Repos de saint Martin est celle qui aurait abrité son sommeil. C'était une soupente, annexe de sa cellule en bois et branchages, où il fallait monter par un escalier taillé dans le roc, mais tellement raide que le saint en tomba. Elle fut vénérée après sa mort et, quand l'église fut reconstruite, on recoupa le rocher par derrière (au nord) avec une grande tranchée, et la grotte, précédée d'une chapelle, fut intégrée au transept de l'église abbatiale ; ainsi fut-elle conservée jusqu'à nos jours. En dessous, au niveau du sol du transept, se trouve la grotte dite de « saint Brice » où ce dernier serait venu prier.

Plus à l'ouest, la chapelle des Sept Dormants, citée dès 846, est une crypte, une grotte, servant d'oratoire, consacrée à Notre-Dame. C'est à son propos que se développa, au XIIᵉ siècle, une des plus curieuses légendes du cycle martinien, au point qu'au XIIIᵉ siècle parut une « Vie des Sept Dormants ». En voici l'essentiel, d'après C. Lelong : sept cousins de saint Martin l'auraient rejoint depuis la Hongrie, apportant de précieuses reliques. Le saint les installa dans une grotte où un autel fut consacré. Ils moururent vingt-cinq ans après lui, tous les sept le même jour. On les plaça sur leurs sièges où ils demeurèrent sept jours vénérés par la foule et guérissant les malades. Après quoi, l'évêque saint Brice les inhuma devant l'autel de la grotte. Au départ, la salle abritait des sépultures des « disciples de saint Martin » ; par la suite, on a identifié sept de ces tombes avec celles de ses prétendus cousins. Après l'effondrement de 1747, les tombeaux demeurèrent vides et ouverts et, en mars 1879, un bloc se détachant écrasa une partie de la voûte et du mur.

A partir du XIXᵉ siècle, les religieuses participèrent, en toute bonne foi, au légendaire martinien parce qu'en déblayant les grottes et en les remettant en état, elles en interprétèrent les anciennes fonctions et leur donnèrent des noms au gré de leur inspiration. Ainsi, la grotte de saint Patrick ne fut découverte qu'en 1848 par une religieuse d'origine irlandaise qui en fit tailler l'escalier d'accès. C. Lelong écrit que, dans le couvent, on appelait cette sœur, devenue la Mère O'Mahony, « le huitième dormant » tellement elle mettait de zèle dans ses recherches au sein des grottes et des galeries. La grotte Saint-Léobard fut découverte accidentellement, en 1887, par la sœur Agathe qui tomba dans un trou masqué par des broussailles. Saint Léobard était un ermite qui vécut dans une grotte « à proximité du monastère ». On vit son tombeau là où n'existait qu'un puits, et la conviction s'imposa que le saint fut « enterré debout pour être prêt à s'élancer au ciel, au premier signal de la Résurrection », comme l'écrit la sœur ROBINET qui fit part de ses recherches à Dom RABOUY, auteur, vers 1910, d'une histoire de Marmoutier.

C'est encore la sœur Robinet qui écrit à propos du puits de saint Gatien : « *les puisatiers qui y sont descendus disent avoir vu, comme dans celui de Rougemont, plusieurs ouvertures fermées par des portes de fer* ». Il subsiste bien des excavations dans le coteau. Dans les grandes caves sous Rougemont, là même où l'on assure qu'un souterrain partait vers la cathédrale de Tours, les travaux liés au fonctionnement d'une champignonnière, jusqu'à l'aube des années 80, furent peut-être, avec le dégel de 1985, à l'origine d'un grand éboulement qui écrasa deux maisons ainsi que la fontaine Saint-Martin. Celle-ci était une profonde excavation dans laquelle on descendait par une quarantaine de marches et dont l'entrée était ornée d'une statue du saint accompagnée de l'inscription « Fontaine miraculeuse creusée par saint Martin ».

LA CHAPELLE ET LA FONTAINE SAINTE-RADEGONDE A CHINON

Nombre de Tourangeaux n'ont jamais visité l'intérieur du château de Chinon, plus encore n'ont jamais eu l'idée de visiter la chapelle Sainte-Radegonde. Nous conseillons aux amateurs d'insolite de découvrir non seulement cet oratoire troglodytique, mais aussi les souterrains à l'arrière, l'habitation dans le roc où est installé un musée des traditions populaires et l'étonnante fontaine troglodytique.

A l'origine, la chapelle était l'oratoire de l'ermite Jean le Reclus qui demeurait tout à côté. Son nom provient de ce que la reine Radegonde vint rendre visite au saint homme vers 550. Cette fille du roi de Thuringe avait été emmenée prisonnière par Clotaire I*er* qui l'épousa ; mais elle se retira du monde après l'assassinat de son frère par son époux, et elle bâtit à Poitiers le monastère Sainte-Croix. Cette grande dame devint une sainte, mais la sainteté est un état qui s'acquiert souvent pas à pas

chapelle Sainte-Radegonde à Chinon
l'entrée - les piliers

chapelle Saint-Jean du Liget

comme nous le montre ce vieux texte cité par Guy-Marie Oury dans *La Touraine au fil des siècles*.

Sainte Radegonde a fait quelque séjour à Chinon au lieu où est maintenant une chapelle dite Sainte-Radegonde, sur le cousteau proche de Sainte-Maxime de deux cents pas. En confirmation de cette demeure, il y a dans la dicte chappel¹e un lict de pierre sur lequel on tient que la sainte se couchait. Et les habitans de Chinon et lieux circonvoisins vont en voyage à la dicte chappelle, implorant l'intercession de la sainte pour les maladies des gouttes et se couchant sur ce lict par dévotion et souvent s'y reçoivent guérison, en recognoissance de quoi ils y laissent leurs bastons et cuiles, autrement dictes potences.

Dans la chappelle susdicte, il y a un puits très profond, l'on dict que saincte Radegonde ayant besoin d'eau, que l'eau s'élevoit jusqu'à la mardelle, en sorte que sans peine, elle en prenoit pour son usage. Mais un jour la saincte retournant de Chinon, rencontra une femme impudique, qu'elle méprisa, et retourna à son hermitage ; ayant besoin d'eau, l'eau ne s'esleva jusques à ce que la saincte se fut confessée à sainct Jean reclus appelé du moustier au dict lieu.

Voici une interprétation possible de ce qu'on appelle scientifiquement le « battement d'une nappe », c'est-à-dire les fluctuations rapides de son niveau en raison de causes diverses. La fontaine fut sans doute creusée à une période fort ancienne. On y accède, derrière la chapelle, par un couloir à voûte triangulaire à angles arrondis et par une longue volée de marches au bas desquelles se trouve le bassin. L'eau est tellement limpide qu'on ne la remarque pas et que la lumière ne laisse voir qu'un puits vertical qui s'enfonce dans le tuffeau.

Lorsque Jean le Reclus mourut, on l'enterra dans la chapelle qui, après le Xe siècle, fut agrandie et soutenue par des colonnes restaurées par la suite. Des poteries médiévales et des statues y sont conservées, mais elle acquit, en 1964, une grande célébrité lorsqu'on y découvrit une superbe fresque datant des environs de 1200 et représentant une chasse royale au faucon : probablement celle de Jean sans Terre suivi de sa femme Isabelle d'Angoulême et de sa mère Aliénor d'Aquitaine. A cette époque, en effet, Chinon était anglaise...

LA CHAPELLE NOTRE-DAME
DE LORETTE

Dans ce qui fut le superbe vallon de Courtineau qui va se défigurant peu à peu, subsiste un secteur encore intact : la partie amont. Un peu au-dessus du moulin de La Chaise, au vieux pont et au beau radier, sur la rive droite, non loin de la route, une terrasse bien entretenue permet d'accéder à une entrée dans le rocher. C'est la chapelle troglodytique Notre-Dame de Lorette dont le pignon triangulaire se détache légèrement de la paroi.

Orientée nord-sud, la chapelle a une voûte en plein cintre ornée d'une grande croix en relief taillée dans le tuffeau jaune. Un bénitier creusé dans le roc (près de l'entrée) et orné d'une coquille, des anges agenouillés, une Sainte Trinité, un blason portant un croissant ornent les parois.

La tradition veut que Jeanne d'Arc, qui venait de Sainte-Catherine-de-Fierbois et allait à Chinon, ait dû s'abriter d'une nuée soudaine dans cet oratoire qui était peut-être alors plus modeste, puisqu'il date du xve siècle. Le logis voisin où, dit-on, se serait réfugié un ermite, date de la même époque comme le montrent la fenêtre à meneau de la façade et l'accolade du linteau de la porte. Depuis plusieurs siècles, un pèlerinage a lieu dans cet oratoire le premier dimanche d'octobre, et de 200 à 400 personnes y assistent à la messe.

13

Sanctuaires originaux

CINQ SANCTUAIRES AVEC SOURCES

Quoi de plus païen, quand on y songe, qu'une église construite autour d'une grotte ou du bassin d'une source ? La Touraine compte cinq églises peu connues, associées à des sources : celle d'Epeigné-les-Bois à la frontière sud-est du département, Sainte-Madeleine-du-Croulay, en ruine, au sein d'une forêt isolée, Notre-Dame de Rigny, dans un vallon peu fréquenté, fermée depuis plusieurs années parce que menaçant ruine, la chapelle Saint-Laurent dans une vallée d'accès difficile à la frontière de Chambray-lès-Tours et de Veigné et, enfin, la chapelle du Rocher à Saint-Antoine. On sait qu'il s'agit, en général, d'anciennes sources guérisseuses, gauloises ou gallo-romaines, christianisées après coup par la construction d'un sanctuaire au-dessus de la source ou tout à côté. Nous ne prenons pas ici en compte les sanctuaires proches d'une source comme la chapelle Notre-Dame de Beautertre à Mouzay ou la vieille église de Cravant-les-Coteaux. Nous évoquons des édifices où la source est à l'intérieur (Rigny), sous l'église (Epeigné), sous un des murs (Sainte-Madeleine) ou le long même d'un mur (Saint-Laurent et la chapelle du Rocher).

L'église de Rigny date de la fin du XII\ :sup:`e` siècle. Désaffectée depuis 1860, elle possède, à la croisée du transept, un escalier fermé par une trappe qui descend à une fontaine jadis objet, dit-on, d'un culte païen. L'eau passait pour guérir la colique des petits enfants et pour bien régler les filles. Son niveau suit, assure-t-on, les phases de la lune : montée au croissant, descente au décours, et bassin rempli à la pleine lune. En fait, cela ne semble pas avoir été observé, dans l'été 1986, à la faveur de la première année de fouilles de l'ancien cimetière autour de l'église.

Les fouilles de 1988 ont en effet montré que les murs d'un édifice antérieur, ainsi que des fossés **passent sous le sanctuaire.**

La présence d'une source au sein d'une église demeure un fait rare en France ; elles sont, en général, objets de pèlerinage, comme celle de Saint-Sulpice-de-Favières dans le Hurepoix. Il y a peu, les pèlerins venaient boire l'eau de la source et prier la « bonne vierge » : une très ancienne statue de Notre-Dame de Rigny qui fut immergée dans la fontaine en 1793, puis déposée dans une chapelle de l'église d'Ussé construite en 1860.

La particularité de la source d'Epeigné-les-Bois est de se trouver dans une cavité profondément creusée dans le rocher, sous l'église. On y descend en traversant la route passant le long du chevet. Une série d'escaliers mène à une chapelle souterraine, à droite de laquelle continue un tunnel surbaissé, rempli d'une belle eau claire. Ce bassin a été placé sous le vocable de Saint-Aignan parce que son eau guérissait, dit-on, la teigne, c'est-à-dire les croûtes de lait, et que le nom du saint se rapprochait de celui de la maladie. On dit toujours que l'eau est bonne pour l'eczéma, et de nombreux visiteurs du château de Chenonceau, distant de 7 kilomètres, viennent en puiser, particulièrement des Belges, des Hollandais et des Suisses.

La chapelle Sainte-Madeleine est située à 350 mètres en amont du couvent des cordeliers du Croulay, dans le vallon du ruisseau de la Madeleine sur la commune de Cravant-les-Coteaux, site d'une sauvage beauté malheureusement totalement enclos pour la chasse. Cette chapelle du XVe siècle est construite auprès d'une fontaine aux vertus curatives fort anciennement réputées. On y venait encore se laver les yeux au début du siècle. Dans ce vallon aux nombreux habitats troglodytiques dont certains occupés dès l'époque romaine, il est probable que la chapelle ait pris le relais d'un sanctuaire antique. Le chœur creusé dans le roc communique avec une grotte située immédiatement au sud et d'où sortent les eaux de la source. Un grand pèlerinage, revivifié pour un temps dans les années cinquante, y avait lieu chaque année.

La légende de la naissance de la chapelle Saint-Laurent (désaffectée en 1767) nous apprend qu'un édifice païen, construit près d'une source et situé au bord du ruisseau de La Madeleine, y aurait été détruit par saint Martin (voir l'article « Les empreintes de pas de saint Martin »). Le saint aurait consacré la fontaine qui a pris son nom et l'aurait transformée en baptistère. D'abord oratoire en bois à toit de chaume, la chapelle a été bâtie en pierre au XIᵉ siècle et reprise au XVIᵉ : son mur sud constitue un des bords de la source. Le vallon, la prairie aux nombreuses sources, l'église et l'ancienne demeure, tout concourait pour faire de ce site un havre de paix et de méditation, mais l'implantation d'un étang, puis le passage de l'autoroute de Poitiers à proximité, ont détruit une partie de la solitude et du charme primitifs du lieu.

Jusque vers 1940, s'y tenait un pèlerinage avec assemblée ; l'eau de la fontaine Saint-Martin était alors utilisée par les malades atteints de dartres. Cette réunion annuelle en plein bois était la survivance directe des fêtes païennes consacrées aux dieux ou déesses de la source dispensateurs de la guérison par l'intermédiaire des eaux. Il en est probablement de même pour les anciennes foires et assemblées en plein bois ou en plein champ (cf. l'article « Le champ de foire et l'ancienne chapelle des bois de Saint-Gilles ») qui ont maintenu, jusqu'au XXᵉ siècle, la tradition d'anciennes rencontres ou de manifestations gauloises.

La chapelle du Rocher à Saint-Antoine est un édifice du XVIᵉ siècle construit devant la demeure troglodytique de l'ermite italien Antoine qui vécut là au VIIᵉ ou au VIIIᵉ siècle. On accède à la « grotte » par une entrée de chaque côté de l'autel. L'entrée de gauche mène aussi à une pièce où l'on peut voir le saint, grandeur nature, couché sur sa natte (œuvre du céramiste Avisseau). C'était sans doute la cellule où il vivait, modestement éclairée par une toute petite fenêtre rectangulaire donnant sur le bassin d'une source abondante creusée dans le tuffeau au pied même du mur de la cellule. On accède à la source par l'extérieur soit par une porte, soit par un escalier conduisant au griffon. Après la mort du saint, la fontaine passa rapidement pour avoir des vertus guérisseuses et, le 4 mai, lors d'un pèlerinage, on prélevait de l'eau pour se soigner les yeux ou prévenir les maladies oculaires. Plus tard, cette source, dont on disait qu'elle était interdite aux femmes, joignit à ses vertus celle de guérir les dartres (le « feu de saint Antoine »), par rapprochement avec saint Antoine de Padoue. Enfin, le 17 janvier, se tenait à proximité une grande foire comparable à l'assemblée de Saint-Laurent à Chambray. On voit combien les cultes païens et les rassemblements qu'ils firent naître ont pu perdurer longtemps.

UN DES PLUS VENERABLES CLOCHERS DE LA TOURAINE

L'église de Reignac possède l'un des deux seuls clochers de la Touraine à toit en bâtière, c'est-à-dire à deux pentes ; l'autre est le plus petit clocher de Coulangé. Là ne se limite pas son originalité. Si l'église a été entièrement rebâtie au XIXe siècle, la partie orientale, par où l'on entre, et la base du clocher qui la surmonte sont d'époque pré-romane (Xe siècle ?). Le clocher est en fait implanté au-dessus de l'ancien chœur faisant face à l'est. Ce dernier a été transféré plus tard à l'ouest, sans doute après le XIIe siècle, comme le montre une fenêtre en plein cintre ouverte dans la façade originelle, actuellement condamnée. C'était un chœur cloisonné, formé de trois nefs parallèles en plein cintre, la centrale plus large et plus haute. Il est identique à celui de l'église de Perrusson.

A l'extérieur, on peut voir dans le mur oriental de la base du clocher, en petit appareil (toutes petites pierres de taille), deux arcs de décharge superposés qui ont pour but de reporter le poids de la tour sur les angles. Le plus haut est fait de dalles de calcaire siliceux de la Champeigne, l'inférieur d'un calcaire gréseux rouille de belle allure. Dans le mur méridional de la base, un petit arc fait de claveaux grossiers est également visible. Lorsqu'on monte à l'intérieur du clocher, au-dessus de la voûte de l'ancien chœur, on peut voir dans chacun des murs de 0,75 mètre d'épaisseur, d'autres arcs de décharge. Un grand arc occupe toute la largeur des faces ouest et est et deux arcs de 1,50 mètre de portée chacun, reposant au centre sur deux pieds-droits, sont visibles sur chacune des faces nord et sud. Ces arcs de décharge, traversant plus ou moins chacune des murailles à la mode romaine, montrent l'ancienneté de la construction. Les

A gauche, volée de marches conduisant à la source Sainte-Radegonde à l'arrière de la chapelle du même nom, à Chinon. On aperçoit le puits qui s'enfonce dans le tuffeau sans remarquer l'eau limpide qui le remplit. A droite, un angle du souterrain reliant cette source à la chapelle et à une cave demeurante (Cl. M. Magat).

Page suivante :

Un sanctuaire à source et un vieux site de pèlerinage : la chapelle Saint-Laurent dans le bois du même nom à Chambray. La source guérisseuse se trouve à l'aplomb du mur sud (Cl. M. Magat).

claveaux sont fins mais inégaux, allongés (25 à 30 cm) et triangulaires, tous taillés dans un grès rougeâtre peu courant (un banc particulier du tuffeau jaune).

L'originalité de ce clocher tient encore à sa partie haute. Le beffroi, où se trouvent les deux cloches, est percé sur chaque face par deux baies en plein cintre, hautes d'un peu plus de 3 mètres dans l'axe et étroites (avec des abat-son), et de trois contreforts plats au sommet en biseau. Ce type de beffroi carré, de 5 mètres de côté, est connu en Ile-de-France ; il est d'autant plus unique en Touraine que l'appareillage et les encoignures (les chaînages d'angle) sont faits de dalles peu épaisses et soigneusement équarries de calcaire gréseux fin, d'une nature comparable à celle des claveaux des arcs de décharge, mais de couleur plus claire. On a aussi utilisé quelques plaques de « chenard » : silice en banc dans le tuffeau jaune. La partie terminale triangulaire est bâtie en moellons de meulière locale avec, à la base, une corniche à modillons (petits motifs sculptés). Datant sans doute de la dernière partie du XIIᵉ siècle, ce beffroi se décompose en grandes lignes verticales (arêtes, baies et contreforts) qui l'élancent et en d'innombrables petites lignes horizontales, liées à l'appareil de dalles et aux impostes qui le hérissent. Cette recherche esthétique lui confère une personnalité peu banale parmi les clochers tourangeaux.

UNE CHAPELLE RONDE AVEC FRESQUES ROMANES AU CŒUR DE LA FORÊT DE LOCHES

Imaginez-vous, cachée dans les frondaisons de la forêt de Loches, en retrait d'une route forestière se greffant au sud de la route de Loches à Montrésor, une chapelle romane toute ronde et toute blanche : Saint-Jean-Baptiste-du-Liget. Pour y pénétrer, il faut en demander la clef à la chartreuse du Liget, 800 mètres plus loin, en direction de Montrésor. A l'intérieur, quelle merveille ! Les murs et les embrasures des fenêtres sont entièrement décorés de fresques qui ont porté loin sa réputation. La voûte, probablement peinte, s'est effondrée au xixe siècle et a été refaite.

Ce site isolé où paissent parfois des chevreuils est le lieu où s'établirent primitivement les moines de la chartreuse du Liget, au xiie siècle. Ils l'avaient choisi en raison de la présence d'une fontaine, de nos jours tarie, mais dont l'emplacement est encore visible tout près de la chapelle. Apparemment, l'édifice fut prolongé par une nef de 8 mètres de long ; on voit encore les arrachements de ses murs près de la porte.

La chapelle, devenue plus tard l'oratoire des chartreux, date, ainsi que les fresques, de la période 1160-1170. Elle mesure 7 mètres de diamètre et 6 mètres de haut ; elle est éclairée de huit fenêtres en plein cintre. A l'extérieur, court une élégante corniche supportée par de petits arcs terminés par des modillons (sujets sculptés). Dans chaque arc est inscrit un motif sculpté parmi lesquels on note cinq poissons aux yeux encore incrustés de rouge ou de bleu. Les fenêtres étroites restèrent dépourvues de fermeture jusqu'au milieu du xixe siècle ; depuis cette date, la pose de vitraux a grandement nui aux fresques en provoquant des condensations.

Les principales fresques représentent, en allant de gauche à droite, la nativité, la présentation au temple, la descente de croix, l'ensevelissement (on y voit une représentation de Jérusalem et du Saint-Sépulcre), la dormition de la Vierge et l'arbre de Jessé. Chaque embrasure est ornée de deux saints dont on peut lire les noms, et on peut voir, au-dessus de la porte, Jésus bénissant.

La chapelle du Liget est un véritable trésor artistique qui paraît fort peu connu des Tourangeaux. Elle est d'ailleurs essentiellement visitée par des étrangers. Quoique très rare, une telle construction ronde n'est pas unique. En France, on compte au moins sept églises rondes : des sanctuaires romans, en général inspirés du Saint-Sépulcre de Jérusalem. La plus proche du Liget est la rotonde de l'église de Neuvy-Saint-Sépulcre dans l'Indre.

14

La Touraine
ingénieuse

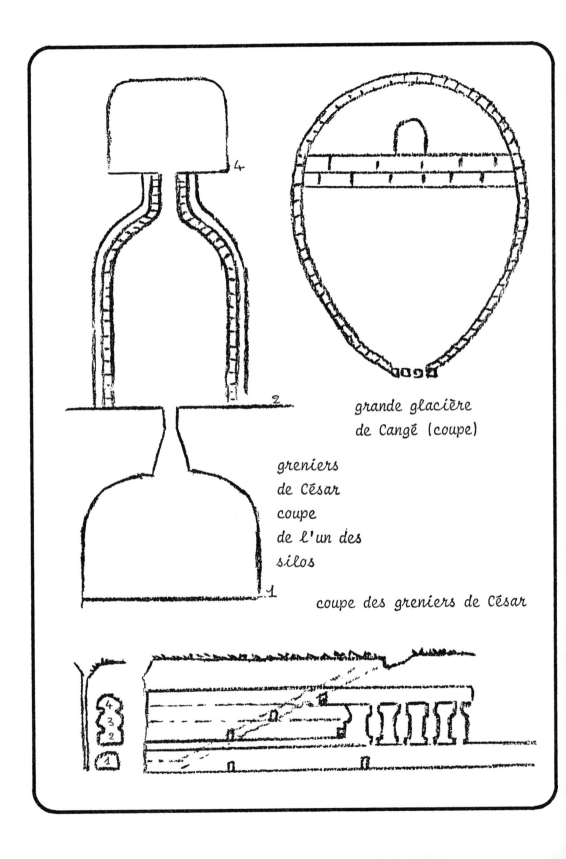

grande glacière
de Cangé (coupe)

greniers
de César
coupe
de l'un des
silos

coupe des greniers de César

LES GRENIERS DE CESAR A AMBOISE

Voilà bien l'une des construction les plus insolites qui se puissent visiter à Amboise, en arrière du quai Charles-Guinot (s'adresser à l'hôtel « Le Choiseul »). Leur réputation est ancienne puisqu'on parle, vers 1660, des *prodigiosis cisternis (Mimmologium Turonense)*. Il s'agit de trois galeries souterraines parallèles, situées parmi une douzaine de caves-carrières s'ouvrant dans le coteau entaillé en falaise abrupte. Elles sont connues, depuis le XVIIIe siècle au moins, sous le nom de « Greniers de César ». La galerie centrale est composée, de bas en haut, par quatre niveaux superposés dont la partie méridionale, la plus profonde, comprend quatre grands silos de brique cylindro-sphériques (les « cisternes », ou foudres, des textes anciens).

On accède à ces silos par le niveau 2, mais ils comportent une trappe de vidange débouchant au plafond du niveau 1 et une trappe de chargement ouverte au plancher du niveau 4. Le niveau 3 n'est séparé du niveau 2 que par un plancher en bois partiellement conservé. Au niveau de l'entrée dans le niveau 2, le plancher intermédiaire manque, d'où l'ampleur de la cavité haute de 8 mètres (deux fois 4 mètres). Le propriétaire actuel qui a découvert là plusieurs dizaines de moules à sucre coniques provenant de la sucrerie de Chaptal, près de Chanteloup, les a disposés à l'envers, la pointe dressée, sur la corniche du plancher supérieur disparu. Tels de grands chapeaux de derviches-tourneurs, ils intriguent nombre de visiteurs dont beaucoup ignorent leur origine. Ce décor on ne peut plus insolite est déjà campé par l'escalier d'accès qui dessert les galeries centrale et orientale. Ce gigantesque escalier rectiligne de 127 marches part du plateau des Châtelliers et descend jusqu'au niveau de la Loire.

Le niveau 1 est une ancienne cave à vin, creusée au pic, au plafond de section triangulaire, où le duc de Choiseul mettait ses bonnes bouteilles. Elle mesure un peu moins de 90 mètres de long. A 48 mètres de la sortie s'ouvre, à l'est, un petit couloir conduisant à la base d'un puits de 1,30 mètre de diamètre qui communiquait directement avec le 4e niveau et qui a été bouché, après 1830, à sa partie supérieure. On peut penser à un puits de descente de la vendange, peut-être réalisé par Jean GASTIGNON qui, en 1566, possédait des vignes aux Châtelliers (voir plus loin).

Les niveaux 2 et 3 sont plus courts (une quarantaine de mètres) puisqu'au sud se trouve l'emplacement des silos. Le niveau supérieur (4) mesure 75 mètres de long.

Les silos ont 4 mètres de diamètre, 6 mètres haut et sont entièrement construits en briques plates. Ils se composent d'une partie cylindrique de 4 mètres de hauteur se terminant par une coupole haute de 2 mètres. Un intervalle de 2,50 mètres environ les sépare les uns des autres. Les trappes de vidange sont carrées et les ouvertures de chargement circulaires. Les constructeurs ont tout fait pour la conservation du grain, adaptant ou retrouvant une forme idéale connue de la plus haute Antiquité (cf. l'article : « Le mystère des ponnes et des fonds de cabanes »). La forme en cloche permet de tasser le grain au maximum, de le conserver dans l'atmosphère de gaz carbonique qu'il génère, ce qui stoppe ensuite les fermentations et tue les rongeurs éventuels pour lesquels l'accès est d'ailleurs presque impossible. Grâce aux « portes » réalisées après coup, on peut voir que les maçons ont laissé un espace de 20 à 25 cm entre les briques et la paroi calcaire, rempli au fur et à mesure d'un sable fin qui permettait de prévenir l'humidité et de renforcer l'isolation. C'est un système analogue qui a été employé pour les « poires d'Ardres », greniers de la forteresse construite par Charles Quint à Ardres, à 15 kilomètres au sud-est de Calais. Dans son *Traité d'hydraulique...* de 1737, Belidor donne la façon de construire « *des magasins à poires pour conserver le bled* ». Il écrit : « *prenant garde que chaque poire soit isolée, afin que l'air circulant autour puisse tenir le bled plus sec* ».

Notre collègue R. Mauny a fait le rapprochement entre la présence à Ardres, en 1531, de Dominique Cortone, architecte ramené d'Italie par Charles VIII, et son séjour préalable à Amboise où il aurait pu concevoir les silos. Ceux d'Amboise, nous apprend-il (*Bull. Soc. Archéol. de Touraine*, 1980, p. 448), auraient été construits en 1548 pour le compte de Jehan Gastignon, apothicaire des filles d'Henri II. On lit en effet ceci dans les comptes de la ville d'Amboise : « *gratification accordée aux serviteurs de Jehan Gastignon... à ce qu'ils aient plus grande affection de mettre terriers* (la terre) *sortans des cuves et citernes que le dit Gastignon leur maistre faict faire près le couvent des Minimes dud.* (du dit) *Amboise... pour faire un quay et passage pour aller ès grèves* ». La mention des « citernes » (silos) enlève toute équivoque possible ; les caves touchaient en effet au couvent des Minimes créé en 1493, et les moines finirent par les acheter en agrandissant leur domaine en 1588. Ils acquièrent pour un tiers « *une maison, cour, gaste et appartenances appellés les greniers, avec toutes les grandes caves et citernes qui sont en roc et au derrière de la dite maison* » (Bossebœuf, 1897).

Il n'y a rien ici qui appartienne aux Romains. Les textes comme l'examen du ciment et de la brique sont formels. C'est une tradition bien connue en Touraine de rapporter les constructions grandioses, anciennes ou dont on ne comprend plus la signification, aux grands hommes ou aux conquérants disparus : Romains, Sarrasins, Prussiens, etc. (cf. l'article : « Des enceintes sacrées »). Par ailleurs, les restes de la ville gallo-romaine sur le plateau des Châtelliers, encore visibles au XVIIIᵉ siècle, expliquent peut-être cette attribution.

Avec les « poires d'Ardres », les greniers de César constituent une étape technique dans l'évolution des entrepôts à grain. Au XVIᵉ siècle, on a perdu, semble-t-il, les techniques de stockage souterrain dans des silos en cloche. Cependant, les disettes sont si fréquentes et les pertes telles dans les greniers en bois où les grains sont étalés sur des claies, que l'on cherche à retrouver les méthodes confirmées de l'Antiquité, mais avec des proportions beaucoup plus grandes. Les greniers de César préfigurent déjà les silos modernes qui ne seront définitivement adoptés qu'assez tard dans le XIXᵉ siècle.

LES GLACIERES

Il arrive que l'on tombe en arrêt devant un grand tertre énigmatique, dans un espace boisé, en général un parc de château... En approchant, on découvre une porte monumentale en pierre ouvrant sur un tunnel et, dans l'ombre, un étrange spectacle... Ce peut être comme à La Gagnerie, à Semblançay, une rotonde voûtée avec caveaux latéraux en pierres de taille. Une poudrière ? On aperçoit un escalier dans la pénombre : le gravit-on muni d'une lampe, que l'on débouche soudain sur une immense cavité ovoïde de 4 à 5 mètres de profondeur avec un puits central où se perdent les rayons de la lampe. C'est une glacière : un édifice conçu avant l'invention des appareils frigorifiques pour stocker de la glace et de la neige que l'on pouvait garder parfois plus d'un an.

Depuis l'Antiquité, les riches ont souhaité conserver de la glace pour rafraîchir les mets, faire des sorbets mais aussi soulager les fièvres. Ainsi la glacière du château de Pierrefitte à Auzouer, construite en 1877, pourvut-elle en glace l'hôpital de Château-Renault pendant la Première Guerre Mondiale. Au départ, on utilisait les caves, les carrières, voire des cavités naturelles : on rencontre parfois de la glace, au fond des gouffres, sur les plateaux calcaires les plus élevés. A partir du XVIe siècle, on construit dans le roc ou sous tertre des réservoirs en forme d'œuf ou de poire renversée, parementés en pierre ou en brique, de 4 à 10 mètres de profondeur et de 3 à 7 mètres de diamètre. La base se termine par un conduit d'évacuation des eaux de fonte surmonté d'une grille. L'accès se fait en général au tiers supérieur par l'intermédiaire d'un petit couloir formant sas avec deux ou trois portes pour l'isolement. Dans les glacières sous tertre, l'entrée est au nord et le dôme isolé par de la pierre et de la terre plantée d'arbres. Non loin, on aménage souvent un étang ou des bassins : on y découpe la glace à la scie ou, si elle est peu épaisse, on la fragmente avec des maillets à long manche et on la transporte en paniers. A défaut de glace, on ramasse de la neige avec un rateau spécial et, avec un gabarit, on taille des blocs faciles à entasser. On les dispose sur une couche de paille, on les tasse et, tous les 1 à 2 mètres, on les recouvre d'un lit de paille, ceci jusqu'au niveau de l'entrée que l'on ferme avec un bouchon de paille et de foin.

Certaines glacières ont fonctionné de la sorte jusque vers 1920, mais ce sont pourtant des monuments méconnus ; dans nos châteaux, elles furent parfois présentées comme des oubliettes. Certaines sont particulièrement soignées ; à la Gagnerie, le travail d'appareillage est superbe ! Les plus anciennes ont parfois une porte extérieure décorée. Celle de l'ancienne propriété de Jules Romain, La Grande Babinière, à Saint-Avertin, possède une porte monumentale avec corniche à loges rectangulaires évoquant un faux crénelage.

La deuxième glacière de Cangé (datant du XIXe siècle) est encastrée dans un puits cylindrique, taillé dans le roc. C'est un œuf géant, en brique, légèrement écrasé à la base ; à hauteur du sol, une couronne de pierres de taille est percée d'une porte de service ; en dessous de la porte, un ove parfait forme le réservoir proprement dit. Dix mètres de craie surmontant la voûte assuraient un isolement parfait. Au centre, une poulie permettait la descente des blocs.

A La Penesais, à Beaumont-en-Véron, un édifice construit en pierre, situé à l'angle d'un clos et en bordure de la route, a parfois été considéré comme une ancienne glacière. Son plan est carré et son toit en pierre est pyramidal, percé d'étroits regards rectangulaires en forme de fentes de visée.

Les glacières sont, comme les fours à chaux, d'intéressants éléments de notre patrimoine. En Touraine, elles ne sont pas inventoriées ; elles restent à décrire et étudier. Autre invitation à l'insolite...

Quelques glacières tourangelles

Auzouer	Pierrefitte	
Fondettes	Ecole d'Agriculture	Versant
Genillé	Marolles	Arrière du bâtiment
Hommes	Château de La Briche	Tertre
Le Grand-Pressigny	Parc du Château	Cave
Preuilly-sur-Claise	La Beaujardière	Versant boisé
Saint-Avertin	La Carrière	Carrière
		de l'Ecorcheveau

Saint-Avertin	La Grande Babinière	Tertre
Saint-Avertin	Cangé (deux)	Versant
Saint-Benoît	Beugny	Coteau
Saint-Cyr	Propriété du 53 rue Bretonneau	
Semblançay	La Gagnerie	Tertre
Tours	Château	(disparue ; on en possède deux plans)

LES PUITS ARTESIENS
DE LA VARENNE DE TOURS

Le 8 septembre 1829, le conseil municipal de Tours décide de forer un grand puits place Saint-Gatien, face à Notre-Dame-La-Riche. L'ouvrage est commencé le 5 février 1830 mais, au mois de juin, l'eau n'est pas atteinte. On vote de nouveaux subsides. Lorsque la foreuse atteint 94 mètres, une nappe ascendante fait irruption dans le tube jusqu'à 4 mètres au-dessous du niveau du sol. Devant cette promesse de résultats, le conseil municipal engage encore 2 000 francs. Plus bas, on rencontre une seconde nappe ascendante, puis le 30 octobre 1830 l'eau jaillit du tube depuis 124,50 mètres de profondeur. La colonne liquide, d'un diamètre de 10 centimètres, monte à 9,47 mètres au-dessus du sol ! C'est un événement considérable et une grande joie.

A cette date, en effet, la ville n'était plus alimentée que par quelques bornes-fontaines qui s'étaient ajoutées, depuis le xvie siècle, aux six fontaines initiales (cf. l'article : « Les sources du Limançon... »). Le rendement des sources de Saint-Avertin était déjà affaibli en 1682, et l'eau avait manqué en 1815. En juin 1820, la machine élévatoire des eaux de Saint-Avertin, qui avait redonné un léger souffle au réseau moribond et mal entretenu, vient d'être démolie. Le complément n'est fourni que par des puits à faible profondeur pollués par les fosses d'aisance, d'où des maladies graves et, après la terrible épidémie de choléra de 1817, la volonté de trouver une solution. On envisage même le pompage direct des eaux de la Loire.

A la lumière d'expériences faites dans le bassin de Paris et en Artois (de là le nom « d'artésien »), on voulait trouver une nappe artésienne. C'est une nappe captive, constituée par de l'eau contenue dans une couche elle-même comprise entre deux couches imperméables. Si l'on perfore la couche imperméable supérieure, l'eau qui est contenue sous une certaine pression remonte dans le forage (eau ascendante) ou même s'écoule à l'air libre (eau jaillissante). Dans les deux cas, c'est un puits artésien. La nappe captive est, en Touraine, celle des sables situés à la base de la craie (couches du Cénomanien inférieur) où, de nos jours, de nombreuses communes s'alimentent. Ces sables n'affleurent qu'en quelques points de la Touraine (au sud en particulier) et leur nappe ne se recharge donc que lentement avec les pluies.

En 1830, le puits Saint-Gatien fournit 2,28 m³/heure, ce qui de nos jours paraît dérisoire. On réalise un second forage derrière la tour Charlemagne qui livre, en février 1831, 3,6 m³/heure. Le puits de La Riche (129 mètres), situé rue Alleron, à proximité de Notre-Dame-La-Riche et terminé en 1833, fournit un peu plus de 10 m³ à l'heure. La technique s'améliore et les Tourangeaux vont enfin pouvoir s'alimenter en eau ; du moins le croient-ils...

Leur joie fut de courte durée : le puits « Saint-Gatien » s'ensabla, le débit tomba en six mois à 1,5 m³/heure ; il en fut de même pour le forage de la tour Charlemagne qui finira par tarir en 1910. Celui de La Riche s'ensabla comme les autres ; on dut reforer en 1834 et pousser jusqu'à 148 mètres sans augmenter le débit. Il ne cessera de s'affaiblir au point de donner, en 1911, que 0,5 m³/heure !

Devant le besoin, la municipalité continua de s'attaquer aux nappes jaillissantes. En 1837, il y avait dix puits alimentant cinquante et une fontaines dont le puits de la caserne de Guise (tari à la fin du siècle), de la caserne Marescot tari avant la guerre de 1914, de l'abattoir et de l'Hospice général qui, creusé à 140 mètres, donna d'abord 5,40 m³/heure pendant dix ans et dont le débit était tombé à 0,90 m³/heure en 1913. De grosses entreprises firent de même, si bien qu'une vingtaine de puits furent forés en ville et plus encore dans la campagne environnante.

En 1912, Paul Métadier déplorait que les anciens puits artésiens de la ville se soient tous taris ; seule une dernière borne-fontaine donnait de l'eau de puits artésien : celle du puits de La

Riche, appelée dans le quartier « la fontaine des médecins » mais dont le débit n'était plus que de dix litres à la minute ; de nos jours, elle est désormais tarie. Il ajoutait : « Il se passera probablement ce qu'il est advenu lors de l'arrêt du puits de la tour Charlemagne : on lancera l'eau suspecte du Cher dans les conduites abandonnées par l'eau pure des nappes profondes. » En effet, depuis 1854, pour compenser ce tarissement des puits, la municipalité avait capté l'eau du Cher à partir du barrage de Rochepinard, au sud-est de la ville, et elle ne cessa d'en prélever davantage jusqu'à la fin du siècle (cf. l'article « Le lac souterrain de la Tranchée »).

Chose curieuse, si la municipalité abandonnait les puits artésiens, les entreprises privées en firent creuser de plus profonds avec de grosses canalisations plus hermétiques et qui donnèrent de bons résultats. Ceux des brasseries Tessier-Bossebœuf et Webel, de l'usine de raffinage de pétrole Lesourd (avenue de Grammont), de la compagnie de chemin de fer Paris-Orléans fonctionnaient toujours en 1914. Celui de la compagnie des Tramways, foré en 1909, atteignit 180 mètres. Il fournissait 120 m³ d'eau à l'heure ; ce fut peut-être le dernier puits à nappe jaillissante. En effet, le diamètre des forages est de nos jours plus important, et les nombreux points de prélèvements ont réduit la pression et abaissé le niveau initial de la nappe. Le dernier puits à nappe jaillissante en Touraine semble avoir été le forage communal de Saint-Martin-le-Beau, réalisé en 1974.

Une enquête reste à faire sur les derniers puits artésiens du XXᵉ siècle. Après avoir été exclusivement alimentée par le Cher jusqu'au début du XXᵉ siècle, puis par la Loire après 1960, la ville de Tours, privée d'eau pendant plusieurs jours en juin 1988, à la suite d'une pollution industrielle de la Brenne et donc de la Loire, étudie en 1989 la possibilité de s'alimenter partiellement à partir des nappes profondes où, pendant plus d'un siècle, les industriels ont puisé en toute liberté.

LA BRICHE

La Briche était une remarquable ferme industrielle conçue dans la seconde moitié du XIXᵉ siècle par un génial maître de

Château de
La Briche

statue de J.F.Cail
dans la cour de la ferme

ferme de La Briche

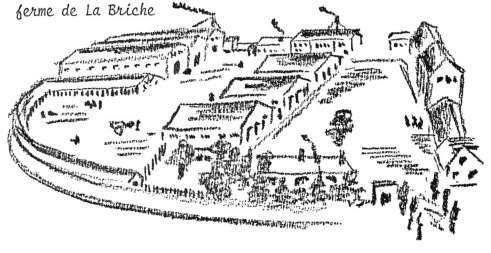

forges : Jean-François Cail, père d'une société métallurgique toujours vivante : « Fives-Lille-Cail ». Elle n'est plus actuellement que murs ruinés ou locaux menaçant ruine ; mais même dans son état actuel, elle mériterait un effort de sauvegarde de toute la collectivité départementale pour sa rénovation partielle, tellement elle a constitué une étape sur le plan de la technologie agro-industrielle de notre pays et parce qu'elle constitue sans doute le plus beau fleuron de l'archéologie industrielle tourangelle qui en est encore à ses balbutiements !

Installée en 1857 sur les terres humides occupées par les anciens étangs de Rillé, elle était si étonnamment moderne que si elle fonctionnait toujours comme en 1865, elle apparaîtrait encore révolutionnaire ! Le plus étonnant n'est pas tant ses caractéristiques gigantesques : grange en trois corps de plus d'un hectare de couverture, bouverie en trois bâtiments de 54 × 20 mètres, conçue pour 600 bœufs, bergerie de 3 000 moutons, etc., c'est plutôt le propos de son créateur d'utiliser la biomasse végétale, en l'occurrence la betterave, pour convertir la pulpe en viande ou en alcool, le jus en sucre ou en alcool, et de rendre à la terre, sous forme de purin ou de fumier, ce qui n'était pas transformé, non sans en avoir retiré le gaz méthane pour éclairer toute la ferme !

Tous les bâtiments étaient reliés par des rails sur lesquels on poussait à la main cinq types de wagons. Les trois travées de la grange comme les trois corps de la bouverie étaient parcourus par ce chemin ferré, et la machine à battre était elle-même sur rails. Dans chaque bâtiment de la bouverie, on pouvait installer quatre rangées de bêtes à cornes séparées deux à deux par une allée desservie par rail, ce qui permettait l'affouragement rapide des deux rangées d'animaux. Lorsque la distillerie fonctionnait, la nourriture était préparée avec de la pulpe et de la paille ou du foin haché. Ces mélanges se faisaient dans chaque bâtiment de la bouverie où ils séjournaient dans des citernes pendant 24 heures pour qu'ils puissent fermenter et être plus digestes.

J.-F. Cail avait acheté 650 hectares de terres trop humides, mal drainés et plantés de 25 000 peupliers. En quelques années, grâce à 239 kilomètres de drains espacés de 12 à 15 mètres et à l'arrachage des peupliers, il débarrassa les champs de leur surcroît d'humidité. Il fit des labours d'hiver, jusque-là impossibles, et adopta l'assolement triennal : céréales, betteraves, prairies artificielles (sainfoin, trèfle, vesce) pour améliorer les sols avec une fertilisation massive. Le grain était en partie distillé pour faire de l'alcool, ce qui était tout à fait nouveau en 1863.

Pour conserver le personnel à la mauvaise saison, on battait l'hiver dans la grange traversée par un arbre de transmission actionné par une machine à vapeur de 15 chevaux. Les ouvriers agricoles étaient dirigés par une hiérarchie de cadres à la tête desquels était un homme puissant : le régisseur, secondé par quatre chefs de bouverie dont certains étaient répartis dans des fermes satellites. J.-F. Cail utilisait une main-d'œuvre nombreuse et bon marché : les jeunes colons de l'établissement pénitentiaire de Mettray, pour lesquels il construisit une cantine.

Une école fut même créée qui subsista jusqu'après la Seconde Guerre Mondiale, mais à cette époque, le domaine qui avait atteint 1 635 hectares à la mort de Cail, en 1871, avait été peu à peu divisé. L'exploitation directe cessa en 1900 ; la fonction de fermier général fut supprimée en 1926 ; les fermes furent données en métayage aux salariés, puis furent peu à peu rachetées par les métayers. Après la mort, en 1981, de François Hebert, arrière petit-fils de J.-F. Cail, qui possédait encore le cœur de La Briche, les 250 hectares de sa propriété furent fractionnés. L'actuel fermier n'occupe donc qu'une toute petite partie des locaux qui ont été progressivement abandonnés et dégradés.

Si la distillerie fut supprimée en 1905, le matériel ne fut vendu qu'après la Seconde Guerre. Nous nous souvenons avoir joué, étant enfant, dans le grand bâtiment de la distillerie envahie par l'eau mais où les alambics et les cuves en cuivre brillaient encore de tous leurs feux. Les rails pénétrant dans les bouveries demeurèrent longtemps visibles et n'ont disparu que depuis une dizaine d'années. On a laissé un bâtiment de la bouverie s'effondrer ; les fosses à pulpe parallèles à la grange et le gazomètre près de l'entrée de Rillé ont disparu ; basse-cour, bergerie, tonnellerie ne sont plus que ruines informes. Le mur nord de la grange est consolidé tant bien que mal et la partie ouest (hangars, magasins, cantine, petites demeures d'ouvriers agricoles) a beaucoup souffert.

Malgré tout, ce qui reste en place, avec le buste en marbre de J.-F. Cail au centre de la cour, est toujours suffisamment suggestif. Nos amis anglais auraient depuis longtemps constitué une association pour sa conservation et trouvé des subsides pour faire revivre La Briche en tant qu'écomusée. Le château de La Briche, construit vers 1875 sur la commune de Hommes et où on pouvait voir, depuis quelque temps, une exposition sur la Belle Epoque, a été victime d'un incendie en mars 1989 et vendu à des Hollandais. Un mauvais sort semble s'acharner sur cette ferme modèle dont les plans avaient été présentés à Sa Majesté l'Empereur à l'occasion de l'Exposition Universelle de 1867. Malgré tout, il est encore temps de réagir. La Briche n'attend qu'une initiative inspirée et généreuse ainsi que l'aide financière du Département pour attirer de nombreux touristes.

REIGNAC (Indre-et-Loire) — Église reconstruite récemment, clocher (X°-XI° s.) (N.-E.) — ND Phot

Le clocher de Reignac au début du siècle. Noter, à la base de la tour, les deux arcs de décharge (B.M.T.).

Page suivante :

Une ferme modèle à la fin du siècle dernier : La Briche à Rillé. A gauche, le buste en marbre du fondateur : Jean-François Cail ; au centre, la bouverie ; à droite, la distillerie et, au fond, la grange (Coll. B.M. Tours).

Rillé (I.-et-L.) — Immense exploitation agricole de la Briche. - Une partie des Bâtiments

Cliché et édition Chevrier, Château-la-

15

L'insolite
dans la ville

LES SOURCES DU LIMANÇON
ET LA MACHINE ELEVATOIRE DES EAUX
DE SAINT-AVERTIN

Trois fois dans son histoire, la ville de Tours a été alimentée par de l'eau de source : à l'époque romaine avec le captage des sources de l'Herpenty, au sud-ouest de Bléré, amenées par aqueduc ; après l'épidémie de peste noire de 1473, qui suscita le captage de l'eau de la Carre, à Joué, en 1475, pour l'alimentation du Plessis-lès-Tours, puis de l'hospice général ; enfin, à la Renaissance, l'utilisation des sources du Limançon à Saint-Avertin.

Au début du XVIe siècle, l'eau des puits de Tours était contaminée et la municipalité fit rechercher les sources les plus propices à l'alimentation de la cité On lit dans les archives du corps de ville : « *De toutes les sources d'eaux vives qui se trouvent aux environs de la ville et qu'on avait déjà recherchées, la fontaine du Limançon dans la paroisse de Vençay (Saint-Avertin) parut la plus commode pour ce dessein soit par son élévation, soit pour la bonté de ses eaux, soit pour l'abondance de la source... »* Cette source, qui n'est plus visible à la surface du sol, sortait de terre dans le bas de la propriété de Grand-Cour, et le ruisseau formé empruntait le tracé du bas de la rue du même nom, c'est-à-dire une ancienne « gironde » : un chenal d'écoulement des eaux superficielles au moment des pluies d'orages. Lorsqu'on visite les installations, on pénètre dans le réseau souterrain par la prairie située au fond du vallon, dans le bas de la propriété de Grand-Cour.

C'est aux Etats-Généraux de Tours de 1506 que Louis XII donna son accord aux travaux projetés. Pour les payer, la ville était autorisée à percevoir un sou sur chaque marchandise vendue sur les marchés tant que dureraient les travaux. Le fontainier de Rouen, Pierre Valence, commença son travail en 1507. Comme le rendement des sources était faible, il créa en 1508 un grand bassin réservoir souterrain de 15 mètres sur 8 et deux galeries captantes dans des boyaux naturels qui furent agrandis et débarrassés des argiles accumulées au cours des âges. Quatre-vingts mètres en amont du grand bassin, on accède par un passe-pied à une galerie construite en 1510 pour recueillir les eaux de plusieurs sources. Deux canalisations en poterie vernissée, de 18 cm de diamètre intérieur, protégée par un blocage avec ciment rose à brique pilée de 60 cm d'épaisseur au carré, partaient de ce complexe de galeries captantes. Elles se rejoignaient dans un petit bassin (de décantation ?) situé sous le bas de la rue de Grand-Cour, à une vingtaine de mètres en amont de son carrefour avec la rue de la Sagerie (retiré en 1973, à la suite des travaux du tout-à-l'égout, ce bassin a été déposé dans le parc des Rives où on peut le voir près de l'entrée). De là, une canalisation gagnait l'emplacement du beau lanternon octogonal, toujours visible, situé sur la branche ouest de la rue de Grand-Cour ; il abrite la clef de régulation de l'écoulement des eaux. Une canalisation en part vers le nord-ouest en direction de Tours et de la « Prairie-des-Tuyaux » où elle passait sous le Cher par un siphon en plomb. Longue de 4 350 mètres, elle a été vue en 1964 et coupée lors des travaux de modification du cours de la rivière. Elle gagnait la rue de la Scellerie par la rue de Paris (la rue Edouard-Vaillant) et la rue Bernard-Palissy. En 1509, l'eau remplit le réservoir de la Belle Fontaine (place François-Sicard). En 1511, elle arrive au carroi de Beaune où l'on édifie une fontaine Renaissance. Cinq autres : la Belle Fontaine, adossée aux remparts près de la porte Saint-Etienne, la fontaine Saint-Hilaire, la fontaine de la place Foire-le-Roi, la fontaine Saint-Martin, au nord de la tour Charlemagne, et la fontaine du Grand-Marché sont construites par la ville. On multiplie plus tard les points d'eau, et insensiblement le débit s'affaiblit. La pauvreté de la ville sous Louis XIV ne permet plus l'entretien des conduites. En 1662, le corps de ville doit signer un traité avec le « sieur Devillers » qui, moyennant 1 200 livres par an, s'engage « à perpétuité » à fournir 7 pouces d'eau de plus aux fontaines et à entretenir les deux réservoirs souterrains de Saint-Avertin.

Il installa une machine élévatoire à godets dans un bâtiment édifié, pour ce faire, en bordure de la rue de Grammont, au pied du coteau, un peu à l'est du débouché de la rue Grand-Cour. La blanchisserie Péan qui y est installée, utilise toujours les eaux du Limançon qui alimentaient aussi, il y a peu, une cressonnière, puis gagnaient le petit Cher. On pense, sans preuve formelle, que l'eau qui arrivait des fontaines était remontée jusqu'au bassin du lanternon de la rue de Grand-Cour (où débouchent en effet deux canalisations d'alimentation). Le bâtiment construit par Devillers possède des poutres énormes pour supporter le poids d'un réservoir qui a disparu ; on peut encore y voir la trace de la roue élévatoire et la salle où tournaient les chevaux pour mouvoir la chaîne à godets. Il semble que tout cela donna peu satisfaction puisqu'en 1682 le débit avait considérablement diminué. Les chevaux furent retirés le 17 nivôse An II : « *rapport aux deux pertes qui sont dans les tuyaux de la machine* ». On manqua d'eau en 1815, d'autant qu'on avait multiplié les bornes-fontaines. La machine fut vendue par la ville en 1820 et les installations fixes détruites. Seuls quelques quartiers demeurèrent alimentés jusque vers 1850, mais les tuyaux furent coupés par la crue du Cher en 1856. Toutefois, entre-temps, la ville s'était lancée dans le creusement de puits artésiens pour éviter les maladies véhiculées par l'eau contaminée des puits domestiques (cf. « Des puits artésiens dans la varenne de Tours »).

LE LAC SOUTERRAIN
DE LA TRANCHÉE

L'impasse située sur le côté est de la place de la Tranchée à Saint-Symphorien dessert deux anciennes maisons rurales restaurées et butte rapidement sur un balcon dominant un très grand espace vert, limité sur deux côtés par de hauts murs. Cet hectare plan de verdure en contrebas est tout à fait insolite parce qu'invisible de la place et inattendu sur un versant qu'on croit entièrement construit depuis longtemps. Au centre de la prairie engazonnée : un long bâtiment bas du XIXᵉ siècle, avec ses baies au linteau cintré, d'une part, et des regards de pierre de l'autre, révèlent manifestement un espace souterrain aménagé.

Un coup d'œil au plan des rues fait croire, avec la rue de la Source, à un captage : en fait, la source qui a donné son nom à la rue et qui est située dans la propriété des sœurs franciscaines est raccordée au réseau d'évacuation des eaux pluviales. La rue des Réservoirs vous met sur la piste : cette construction est connue sous le nom des « réservoirs enterrés de la tranchée ». Ce sont quatre bassins contigus et communicants, achevés en 1885, d'une capacité totale de 32 000 m³, dispositif toujours essentiel pour la fourniture d'eau aux habitants de Tours. L'eau y est pompée depuis la station de l'Ile Aucard dans la Loire et de là, répartie dans la ville ou, pour une part, refoulée en direction du château d'eau de la Petite-Arche. A l'origine, les réservoirs furent construits pour stocker l'eau du Cher, la seule utilisée il y a plus d'un siècle. On avait choisi le coteau nord parce qu'il dominait immédiatement la ville (quartier Paul-Bert) et parce qu'il était plus élevé que le coteau sud qui appartenait alors à Saint-Avertin et qui était plus loin de Tours. L'eau était montée depuis la station de Rochepinard à l'aide de deux pompes à feu et de deux pompes fonctionnant avec des turbines mues par la chute du barrage de Rochepinard disparu en 1962.

L'ingénieur principal Levieuge du service municipal des eaux nous a fort aimablement ouvert ses dossiers et compté au nombre des rares personnes admises tous les ans à visiter la station au moment du nettoyage. Un très beau rapport manuscrit de l'ingénieur Renard (1878) nous a permis d'en savoir davantage. Le pavillon central abrite les mécanismes de répartition et de vidange ainsi que les escaliers d'accès ; les lanterneaux fournissent l'éclairage pour les travaux et en particulier pour les nettoyages annuels. Le terrain mesure 1 hectare 54 ares ; 90 sont occupés par les bassins formant un carré de 43,75 mètres de côté et les déblais ont été déposés sur les 64 ares restants. Les bassins mesurent 5,10 mètres de profondeur sous voûte ; la hauteur de remplissage est de 4,80 mètres. Ils sont en déblai sauf un qui est, partie en déblai (2 mètres) et partie en relief, mais recouvert de terre. L'intérieur est une véritable mosquée aux voûtes d'arêtes surbaissées en briques, supportées par d'innombrables piliers massifs cimentés. Ces réservoirs se terminent par des voûtes en berceau au contact des murs. Le radier est en ciment de Portland, les murs de séparation entre bassins mesurent 1,30 mètre d'épaisseur ; les murs externes sont peu épais (50 cm) aux endroits en déblai, car la roche est un calcaire lacustre dur à moellons siliceux, excepté quelques petits bancs de tuf. Au sud des réservoirs, on accède à une très belle et très profonde chambre de manœuvre, à un niveau inférieur à celui des bassins. De dessous, y arrivent des tunnels avec leurs tuyaux de vidange, et il en part une galerie d'évacuation des eaux. Son plancher est revêtu de gours (concrétions calcaires en réseau) épais de 5 cm et qui craquent sous les pieds ; c'est du calcaire déposé par les eaux d'infiltration issues des calcaires lacustres.

Ce qui frappe, de nos jours, c'est l'énorme capacité stockée : 32 000 m³ ; c'est, à 3 000 m³ près, la consommation moyenne journalière actuelle de la ville. En 1878, ce volume représentait, à 2 000 m³ près, la consommation d'eau de quatre journées, et l'ingénieur prévoyant d'écrire : « La distribution sera toujours et en tous temps complètement assurée dans toutes les circonstances qui pourraient survenir » Il faut dire que le concepteur souhaitait aussi faire décanter, pendant trois à quatre jours, les eaux « troubles et louches » du Cher, d'où la capacité et la division en quatre bassins égaux de 8 000 m³.

Les réservoirs ont pour fonction le stockage pour éviter les défaillances éventuelles des pompes, la fourniture d'eau à tous les étages et la régulation des débits. Avant 1885, il n'existait, comme trop plein, que le petit réservoir en tôle installé dans la Tour Charlemagne dont le volume n'était que de 225 m³ mais dont le poids finit par compromettre la solidité de l'édifice. La pauvre tour qui avait déjà été victime d'un grave incendie le 1ᵉʳ juillet 1826, lorsqu'elle servait à la fabrication de plomb de chasse, devait se fendre en deux parties le 26 mars 1928, dont une s'effondra sur les magasins de la rue des Halles.

Avant 1885, quand on puisait fortement près des pompes de Rochepinard, une partie de la ville n'avait plus d'eau, particulièrement les étages des maisons sises aux points les plus hauts de la ville. Les réservoirs s'inscrivaient dans une politique d'équipement et de prévision qui avait démarré avec l'installation, en 1873-1874, des nouvelles machines à vapeur de Rochepinard capables d'élever 8 500 m³/jour, c'est-à-dire la consommation journalière de l'époque.

Les ingénieurs avaient fixé par calcul à 86,10 mètres l'altitude idéale (40 mètres au-dessus de la Loire) pour l'implantation des réservoirs, de manière à dominer de beaucoup les maisons et assurer à l'ensemble du réseau une pression convenable. La place de la Tranchée culminant à 95 mètres, on choisit cette zone parce qu'elle appartenait à un seul propriétaire, qu'elle n'était occupée que par des vignes et une pépinière et qu'il y avait le moins de déblais à extraire. L'ouvrage fut parachevé par la construction d'un aqueduc qui évacuait les boues de décantation vers la Loire ; il évacue les eaux pluviales et il est suffisamment grand pour abriter deux conduites d'eau potable. Il gagne la Tranchée qu'il descend par l'accotement ouest et débouche en Loire à l'ouest de la place Choiseul. Un témoignage de plus à porter au crédit de la Troisième République qui sut voir grand en matière de constructions publiques.

LES « ROTTES »
DE SAINT-PIERRE-DES-CORPS

Connaissez-vous le vieux Saint-Pierre et ses maraîchers ? Les accès aux jardins et aux champs y sont étroits et économes de la bonne terre de varenne. Les maisons, avec leurs jardins en façade, interdisent plus au moins aux automobilistes de pénétrer au centre des quartiers où l'on n'accède qu'à pied, à bicyclette ou avec des petites charrettes, dans des espaces verts d'une surface insoupçonnée. Les « rottes » sont les sentiers ou les cheminements subsistants entre les petits champs et les jardins ; elles se nomment officiellement « passages » ou « impasses ».

Elles relient une route à une autre, de l'ouest à l'est de la varenne, entre l'ancien canal et la mairie, mais surtout du sud au nord, entre l'avenue de la République et la Loire. Elles sont un peu au vieux quartier de Saint-Pierre — l'ouest épargné par

coupe d'un réservoir enterré de la Tranchée

pilier d'un des réservoirs
de la Tranchée

lanternon du réseau
des Fontaines à St Avertin

les lotissements, contrairement à la partie orientale — ce que sont les traboules au quartier Saint-Jean de Lyon. Elles sont encore nombreuses, quoique peu à peu élargies à l'instar des « venelles » d'Orléans. On les transforme en chemins, en « passages », voire en rues goudronnées (comme l'ancien passage Blanqui) ; on les corsète de hautes clôtures souvent tendues sur des traverses de chemin de fer en guise de poteaux, ce qui nous rappelle que Saint-Pierre-des-Corps est aussi une capitale ferroviaire.

Je vous propose un circuit des « rottes » à partir du quai de la Loire, après le pont de l'autoroute A 10, en venant de Tours. Emprunter la première descente derrière l'ancienne abbaye Saint-Loup, puis une première « rotte » : le « passage Trousseau » ; tourner à gauche puis à droite : rues Jean-Bonnin puis Ambroise-Croizat. Suivez cette rue sur 80 mètres ; prenez à droite, après le n° 5, le tortueux « passage Jacquart » qui traverse la rue des Bastes ; prenez la branche de droite qui permet de traverser la rue Gambetta et d'accéder à une autre « rotte » étroite : le « passage Descartes ». Emprunter à droite le « passage Gambetta », puis le premier à gauche : le « passage André-Sabatier » qui traverse la rue de la Grand-Cour. Au-delà de cette rue, on peut voir deux puits à balancier. Après un virage à droite en angle droit, ce passage sort dans l'avenue de la République par « l'impasse Bara », face à l'église de la Médaille Miraculeuse. On peut alors se diriger vers la mairie, puis vers les rues de la Rabaterie et de l'Eridence, mais les anciennes « rottes » qui permettaient de gagner la Loire, comme l'impasse Blanqui et le passage Blanqui, ont été transformées en rues. On préférera revenir vers la Loire par la rue de la Grand-Cour et le « passage Boireau », à gauche, qui a été goudronné. On peut suivre ce dernier à droite, jusqu'à la Loire, ou prendre à gauche l'impasse du 4-Septembre qui, par un tracé en Z, mène à la rue Paul-Vaillant-Couturier, puis à la Loire, en reprenant à droite la première « rotte » prise au départ du périple.

Le passage porte parfois le même nom que la rue voisine d'où la célèbre « impasse de la Liberté »... Au côté de jardins familiaux opulents, survit une culture maraîchère mécanisée avec wagonnets, châteaux d'eau métalliques et arroseurs qui forment le paysage caractéristique visible depuis les « rottes ».

DES CIGOGNES DANS NOS JARDINS

Dans les petits jardins ouvriers de la varenne de Tours, au bord du Cher et de la Loire, en particulier à Saint-Pierre-des-Corps et à La Riche, on voit de curieuses silhouettes de bois qui ressemblent à des échassiers perchés sur de longues pattes : ce sont des « cigognes », appareils à contrepoids destinés à puiser de l'eau pour arroser.

La cigogne est un système connu en Egypte sous le nom de « chadouf » : c'est un balancier à contrepoids qui permet à un homme seul de tirer de l'eau d'un puits sans grand effort, sous réserve que la nappe soit superficielle (de 1 à 3 mètres). Un long bras de plusieurs mètres, en bois ou en métal, articulé au sommet d'un poteau, comporte à une extrémité un contrepoids fait d'un ou plusieurs blocs de pierre ou parpaings, et à l'autre extrémité, une chaîne avec un seau. Les deux bras sont de longueur inégale : le côté où est fixé le contrepoids est de beaucoup le plus court. Dans la position de repos, le seau est relevé. On tire sur la corde de haut en bas et on plonge le seau dans le bassin ou le puits ; le seau plein se remonte aisément et peut être déversé dans un bassin.

Jadis très répandu dans le val au niveau de l'agglomération, ce système tend à disparaître ; lorsqu'il est encore en place, il est rarement utilisé. On voit parfois, côte à côte, les trois systèmes qui se sont succédé : la cigogne, la chaîne à godets avec capot et volant en fonte, et la pompe à moteur, souvent accompagnée d'un réservoir métallique perché sur un pylône. On peut encore voir des cigognes dans les jardins de Pont-Cher et dans ceux de Saint-Pierre, en particulier rue des Ateliers, devant l'usine de réparations de wagons, et passage André-Sabatier.

16

Secrets de fourneaux

LES CASSE-MUSIAUX

Les périodes de carnaval et du carême ont engendré des desserts originaux. Le mardi-gras, veille du carême, on faisait bombance en prévision du jeûne ; après un plat de cochonnaille, on terminait souvent par des casse-musiaux. Contrairement aux russeroles ou rinçolles, faites avec de la levure de boulanger et que l'on pouvait manger pendant toute la « semaine grasse » (la période de carnaval), les casse-musiaux étaient un dessert autorisé le jour de la mi-carême, rupture provisoire du jeûne, ou le samedi-saint, dernier jour des privations. On en faisait aussi un peu toute l'année quand on avait du fromage blanc frais, bien égoutté. C'est une recette de la Touraine du sud. On les faisait comme la galette au fromage, mais en ajoutant deux ou trois œufs. On donnait à la pâte une forme ronde en la découpant avec un verre avant de la mettre au four ou de la cuire sous la cendre ; ainsi faisait mon arrière grand-mère à Bossay-sur-Claise. On les mangeait tels quels. Maurice Davau nous a confié qu'il n'avait eu l'occasion d'en manger qu'une fois, à Barrou, et qu'il se souvient seulement qu'il fallait de bonnes dents. Le terme de casse-museaux provient certainement de la dureté de ces pâtisseries conservées pendant plusieurs jours.

Certains évoquent sous ce nom des pourlècheries plutôt molles ; ainsi J.-M. Rougé qui parle de brioche à pâte légère : le « casse-muse » ou « casse-museau » que l'on se jetait à la tête le jour de carnaval dans la région tourangelle avoisinant le Poitou. Ce casse-museau plus tendre, connu depuis le XVe ou le XVIe siècle, était farci d'un mélange de fromage blanc et de miel liquide.

En 1947 ou 1948, il y eut à l'hôtel de ville de Tours une exposition sur la Touraine avec une section gastronomique et un concours de cuisine. On demanda aux chefs de retrouver les formules anciennes et, en 1948, la « Rôtisserie des Tours d'Argent », restaurant réputé de l'Hôtel Métropole, avait essayé sur sa clientèle le casse-museau farci ; il ne plut guère. Aussi, le chef créa-t-il les « casse-museaux François Ier » : il fit des beignets soufflés avec une pâte à choux et garnis de crème pâtissière parfumée au kirsch. Ils étaient flambés ensuite, devant la clientèle, avec un mélange de liqueur de fruits de Touraine (prunes, pêches, abricots, framboises, mûres) préalablement sucré et enrichi au beurre (deux ou trois coquilles par portion).

Recette de la galette au fromage :
Faire une pâte ordinaire avec un bol de farine, de l'eau, une pincée de sel et du beurre ramolli. Prendre un fromage blanc et l'étaler entre deux plaques de pâte.

Recette des casse-musiaux :
Mélanger trois œufs, du fromage frais, de la crème fraîche et un peu de sucre. Ajouter la farine et une cuillerée d'huile ou un peu de beurre. Quand la pâte est assez plastique, mettre au four chaud sur des tôles.

Casse-museaux François Ier :
125 g de farine, 100 g de beurre, 15 g de sucre, 1 g de sel, 1/4 l d'eau, 4 œufs et de la liqueur de fruits à noyaux ; après avoir flambé, bien arroser chaque beignet et napper généreusement.

LES POIRES TAPEES

Imaginez une rondelle dure d'un beau jaune doré ou d'un marron brillant de 4 à 8 cm de diamètre, de 1 à 2 cm d'épaisseur, avec une tige latérale pour la préhension. C'est une poire « tapée », une poire desséchée au four et aplatie, un vieux mets tourangeau que l'on peut consommer encore au bout de quinze ans... l'ancêtre des produits secs ou lyophilisés. Certaines, toujours aussi plates, ont davantage la forme oblongue de la poire. C'est un produit que Rivarennes, capitale de cette fabrication, exportait jusqu'en Angleterre où il était consommé à bord des navires de Sa Majesté. Bien entendu, on ne pouvait manger cette poire qu'après l'avoir

L'ascension d'une lignée de briocheurs tourangeaux. En haut, devant le magasin de la
place de la Gare, à la fin du siècle dernier.
En bas, le magasin à l'enseigne de la
"Golden Brioche" à l'angle de Broadway
et de la 36e rue à New York, en attendant
la succursale de ... Moscou (Cl. S. Lelong).

Page précédente :
Ancienne carrière souterraine du Puy An-
gelier à Huismes occupée comme beaucoup
d'autres par des resserres à matériel, des
étables, des greniers et des fours. Au pays
des pruneaux de Tours, chaque cave, chaque
ancienne carrière abrite des fours à prunes
ou à chanvre. A gauche, four de plan bar-
long ; à droite, four rond classique. Lorsqu'ils étaient creusés dans le tuffeau, les
fours étaient parfois superposés comme ceux
du Gâteau à Cravant. Noter l'effondrement
récent de la voûte au-dessus de laquelle
passe un chemin rural (Cl. M. Magat).

fait tremper au préalable (deux jours) dans un bon vin rouge du Val de Loire et cuire quinze minutes avec 40 g de sucre et un peu de cannelle, ou avec un sirop fait de 170 g de sucre et d'un verre et demi d'eau dans lequel on verse un demi-litre d'eau de vie. De nos jours, c'est un mets rare : il existe toutefois, à Rivarennes, une association (Randonnées et Traditions) qui produit de la poire tapée et qui joue le rôle de conservatoire des traditions locales.

La Touraine a connu trois grandes périodes de culture fruitière : la Renaissance, le XIXe siècle, surtout après la crise du phylloxera, et l'après Seconde Guerre qui a été une période de production de masse. On n'avait pas encore inventé les frigorifiques et les pulvérisations pour assurer la conservation, mais on avait les bateaux pour la commercialisation et l'exportation. Il y a un certain lien entre les pommes et les poires tapées et la batellerie. Des chargements de pommes reinettes, provenant principalement de Chouzé, remontaient vers le canal de Briare et Paris ; un dernier bateau de pommes est parti en 1900. Or, tapé, le fruit se conservait longtemps et ne s'abîmait pas au cours du transport.

La grande période de production des poires tapées, dans le secteur de Rivarennes, semble avoir été 1850-1930 ; des trains entiers en partaient au début du siècle. Les poires étaient recueillies par des grossistes de Chinon et de Saumur.

Certaines maisons avaient deux fours, avec une chambre de séchage au-dessus. Les poires utilisées appartenaient surtout à deux espèces : la poire Colmart, petite, très granuleuse et dure, et la poire « de curé », allongée ; on pouvait aussi se servir de la poire Monsieur et de la Passe-Crassane. Après la récolte, faite avant maturité, les fruits étaient trempés dans l'eau bouillante ou légèrement cuits (pour prendre une belle teinte dorée) dans la chaudière à faire l'augée : la pâtée semi-liquide des animaux. On arrêtait lorsque apparaissait un brin d'écume ou lorsqu'en les piquant avec une épingle, elles « jetaient leur beuton » (un petit jet en sortait). On épluchait les poires à ce stade, de manière à ce qu'elles se pèlent bien. Il fallait d'ailleurs avoir un bon tour de main pour les peler en une seule épluchure et diminuer la partie du calice (à l'opposé de la queue). Certains ne les épluchaient pas et se contentaient de les couper en quatre, mais ce n'était pas la préparation classique.

Une fois « parées », on les mettait la queue en bas sur des claies rectangulaires de cornouiller ou de bourdaine, préalablement mouillées pour résister à la chaleur. On utilisait parfois le four à pain immédiatement après le défournement des miches. Sinon, on chauffait le four avec des fagots jusqu'à ce que les branches soient blanches : une four chaud, mais où l'on pouvait tenir la main un moment. On retirait la braise et les cendres avec le rouable et on nettoyait le four avec l'écouette pour ne pas que les claies brûlent. On jetait une poignée de soufre jaune et on enfournait les poires. Retirées le lendemain, on les retournait, car seul le côté à l'air était sec. On rallumait le four moins fort et on recommençait l'opération. Quand les poires, affermies, s'étaient pourvues d'une croûte, on les « platissait » avec les doigts dans le sens de la longueur et on les remettait au four pour les laisser bien sécher. Le platissage (jusqu'à 2 cm au moins) a pour but d'éviter que la partie centrale, mal séchée, ne se corrompe par la suite.

Tout un petit monde vivait de ce travail au point que les poires tapées constituaient environ 1/5e du revenu annuel de certaines fermes de ce pays polycole aux petites parcelles.

Pour les pommes tapées, on utilisait la reinette Clochard en Chinonais et le Pépin de Bourgueil en Val d'Anjou. Très dure, cette dernière se conservait longtemps. Toujours pelées et parfois avec un appareil : la « pareuse », avec éjecteur automatique, elles étaient tapées dans le sens des pôles avec un maillet cannelé et parfois écrasées par une presse à levier. Turquant, en Anjou, fut une vraie capitale de la pomme tapée ; on y trouve une demeure du XVe siècle qui a onze fours dans ses caves. Bien avant la crise phylloxerique, vers 1850, elle essaima ses techniques en Baugeois, à Cuon, Baugé, Bocé, Le Guédeniau et Echemiré. Ce fut une véritable industrie et qui exportait loin. De nos jours, on peut goûter des pommes tapées à Turquant, à l'enseigne « Troglo-Tap », au Val Hulin.

LES CUISINIERS DE PRUNES

A quoi tient parfois la renommée d'une ville ? Entre la Renaissance et la Révolution, Tours est « l'une des plus considérables ville du Royaume » (Robert, « *Géographie universelle à l'Usage des Collèges* », Saillant et Nyon, 1772). Elle est célèbre pour ses soieries : « *Cette ville fait un grand commerce d'étoffes de soie* » *(id.)*, mais pour le bon peuple de France sa réputation universelle est assise sur... un fruit et de surcroît confit. Tours est au premier rang des cris de Paris :

> « *Pruneaux de Tours, pruneaux,*
> *Là qui en veut, qu'on se délivre,*
> *Je les vends huit tournois la livre*
> *Aussi bon marché que dedans Tours.* »

De ce quatrain, vous pourriez conclure que le fruit qui porte au loin la réputation de notre bonne ville n'est que remède d'apothicaire. Certes, Pantagruel recommande à Panurge de manger « *quelques pruneaux de Tours* » (L. III, Ch. XIII) mais, s'il a nécessairement les vertus d'un humble pruneau, le « pruneau de Tours » est un mets raffiné dont « *l'éloge est dans toutes les bouches* » (Thibault de Pleigney, 166). « *On crye pruneaux de Tours et poyres de bon chrestien pour ce que c'est la ville la mieux renommée pour bons fruictz qui sont en chrétienté* » *(id.)*. Peu avant la Révolution, la réputation du produit est encore intacte comme on peut en juger par ces lignes tirées d'un manuscrit de 1784 : « *Le Verron produit abondamment des vins excellents et des fruits délicieux... ce canton donne en partie à la France les bons pruneaux de Tours...* (et) *les alberges confites... dont il se fait un très grand commerce.* » Ce texte précise même que la réputation de Tours porte essentiellement sur deux fruits préparés de façon particulière, produits surtout en Chinonais, et spécialement en Véron. Laissons pour un temps les alberges (les abricots) et intéressons-nous à la prune.

De quelle variété s'agit-il ? La prune est toujours obtenue après greffe, d'où son nom de prune d'ente (enter = greffer) que d'aucuns croient, de nos jours, réservé à la prune d'Agen... En fait, au Moyen Age, parmi les prunes très estimées en France, la prune d'ente à pruneau est dite de Tours, de Brignoles ou de Damas. La tradition dit que ces fruits sont arrivés de Syrie avec le retour de croisade des comtes angevins ; en fait, leur introduction en France est très certainement antérieure, mais on a ainsi périodiquement régénéré les races.

Plusieurs variétés étaient utilisées. Dans les papiers de Louis-Jacques Bérard de Montour exploités par E. Millet en 1965, on apprend qu'il vend, en 1772, des abricots verts (entendez des prunes abricot vert, c'est-à-dire des Reines-Claudes) et des prunes de Sainte-Catherine et de Rochecorbon (la diaprée rouge à fruits ovales), toutes deux pour préparer des pruneaux de Tours. La reine Claude, épouse de François Ier, était si bonne et si douce que le naturaliste François Belon pensera tout naturellement à elle lorsqu'il baptisera la prune qu'il rapportait d'Orient afin de l'acclimater en Touraine, au pays des fruits. Dans son « *Paradis délicieux de la Touraine* » (1661), Martin Marteau parle : « *des prunes sucrées de Sainte-Catherine, dont on tire grand argent* ». Pas de doute, les prunes sont célèbres en Touraine, mais bien plus encore les pruneaux ! Ils sont associés aux meilleurs moments de la vie :

> *C'était en l'an mil sept cent*
> *Nous mangions des pruneaux de Tours.*

Cette chanson du XVIIIe siècle nous suggère que le bon vieux temps s'est enfui... Quand on pense que, tel le colosse de Rhodes, ce monument culinaire a tout simplement disparu ! Et cette grande merveille n'a pas, comme l'autre, duré que 56 ans, puisque la fabrication du pruneau s'est éteinte doucement à partir des années précédant la Seconde Guerre Mondiale.

Certes, on vend encore du « *pruneau fourré de Tours* », mais à la Belle Epoque, ce n'était, pour les « *cuisiniers de prunes* » (les producteurs), qu'une fabrication secondaire.

La zone de production partait alors de la Touraine du sud depuis Preuilly (siège d'une célèbre foire aux pruneaux), passait par le Plateau de Sainte-Maure et Sainte-Catherine-de-Fierbois (qui avait donné son nom à la prune la plus utilisée) et gagnait le Chinonais où les grandes communes productrices étaient Huismes, Beaumont, Savigny, Cravant et Saint-Germain. Sur les 800 quintaux de prunes récoltés dans les environs de Chinon vers 1930, près du tiers provenait d'Huismes. Le choix des variétés et la bonne maturité des fruits était une chose, mais la cuisine primait. Les prunes étaient cuites au four de 5 à 6 fois pour les bien mûres et davantage pour les autres. Pour éviter qu'elles ne craquent et ne suintent, on les chauffait progressivement sur des

« rondeaux » (claies d'osier refendu). Avec quel soin il fallait minuter le premier feu (un quart d'heure) et augmenter successivement la chaleur des suivants en ajoutant un fagot de plus à chaque fois ! C'est qu'on ne retirait les rondeaux que lorsque le four était froid et qu'on nettoyait le four après chaque chauffage pour éviter que les rondeaux ne brûlent. A la dernière cuisson (100 degrés), il fallait que les prunes « bouillent » : elles restaient au four de dix à quinze minutes, mais le chauffage préalable durait deux heures. Cette dernière opération, le « blanchissage », était délicate : les prunes réussies devaient être couvertes d'une pruine blanche comme la neige, la « fleur ». On procédait au « platissage » des grosses en les tournant entre le pouce et l'index ; « platies », les prunes étaient placées côte à côte sur les rondeaux pour la dernière chauffe.

On faisait aussi des « prunes amandées » : on prenait deux prunes de premier choix dont on enlevait les noyaux qui étaient remplacés par une unique amande, et le tout était pressé pour ne faire qu'un, après la dernière cuisson.

Ces opérations en chaîne ne pouvaient être menées à bien qu'avec une batterie de fours : certaines exploitations avaient jusqu'à huit fours. Nombre d'entre eux ont été démolis, mais les fours troglodytiques subsistent, permettant encore de délimiter les zones de production. Au Gâteau, à Cravant, on peut voir trois fours troglodytiques superposés ; au Puy-Angelier, à Huismes, deux fours rectangulaires sont visibles dans les caves. De nos jours, on vend des « pruneaux de Tours » dans quelques pâtisseries de la ville, mais ce sont des pruneaux fourrés, préparés à partir de pruneaux d'Agen. Les pruneaux de Tours ne se fabriquent plus depuis 1910 en production intensive, et les dernières fabrications familiales se sont éteintes après 1930.

LA GOLDEN BRIOCHE

Bien avant l'époque des croissanteries qui ont poussé comme des champignons et avant qu'on ne pulvérise dans la rue des odeurs synthétiques de croissant frais pour allécher le chaland...

il y avait à Tours, place de la gare, une unique briocherie, objet de promenades dominicales. « Allons chercher une brioche pour quatre heures », entendait-on dans beaucoup de foyers tourangeaux, et les habitants de la banlieue de descendre l'hiver jeter un coup d'œil aux magasins de la rue de Bordeaux, puis d'acheter leur brioche pour la déguster plus tard en prenant le thé.

Le briocheur Serge Lelong, héritier d'une lignée de pâtissiers qui se lancèrent activement dans la fabrication de la brioche en 1950, a laissé le magasin à un collègue pour changer d'horizon. Il s'est installé à New York, à l'angle de Broadway et de la 36e rue ! Ayant réussi à Tours, il partit en 1982 faire découvrir la brioche aux New Yorkais qui ne connaissaient que le croissant... Malgré les présentations les plus soignées et une qualité toujours égale, les New Yorkais boudèrent... jusqu'au jour où le pâtissier créa une brioche aux épinards. Le mythe de Popeye aidant, la vente démarra qui permit à S. Lelong de reconstituer une gamme de brioches « à la tourangelle ». Le magasin « Golden Brioche » en livre maintenant 2 000 par jour et notre Tourangeau est désormais « *Baker consultant* », c'est-à-dire délégué de sa profession. Mais ce fut très dur ; les U.S.A. sont impitoyables et New York particulièrement pour les étrangers. Les glaces de son magasin principal furent plusieurs fois brisées : non point par un concurrent jaloux, mais par un Grec immigré, un homme du bâtiment sans travail et sans perspectives, mais poussé par un grand agent d'affaires new yorkais. Je me suis souvenu à ce propos de ce que me contait là-bas le patron du restaurant français « Le Mont Saint-Michel », installé non loin, et qui dut, à ses débuts, faire face à des briseurs de vitrine et à une tentative de rackett.

Malgré quelques frayeurs, voilà un Tourangeau qui réussit et continue à se battre. La Golden Brioche (en fait, d'essence tourangelle) commence à apparaître dans une chaîne de supermarchés de New York.

Que de chemin parcouru en cinquante ans depuis l'époque où, dans le magasin de la place de la gare, officiait, silencieux derrière le comptoir, un monsieur âgé vêtu d'une redingote et, encore plus, depuis la fin du XIXe siècle, où Paul Lelong (grand-père de Serge) reçut d'un parent cette pâtisserie...

17

Croyances
et traditions

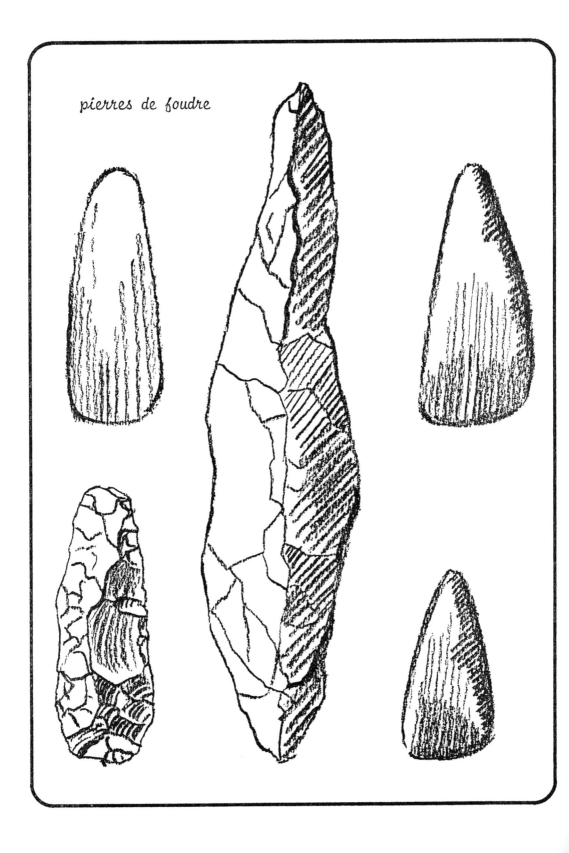

pierres de foudre

LES PIERRES DE FOUDRE

Saviez-vous que les décharges de foudre pouvaient être à l'origine de ces silex étranges que l'on rencontre fréquemment dans la région du Grand-Pressigny, les uns avec de nombreuses marques de chocs, les autres plus rares et parfaitement polis, se terminant d'un côté en un biseau coupant et, de l'autre, en pointe ? Vous avez sans doute reconnu, d'une part, les « mottes de beurre », ces blocs matrices ou nuclei préhistoriques qui avaient l'aspect des mottes de beurre vendues au marché par les paysannes au siècle dernier et, de l'autre, les haches polies qu'avant 1850, on ne savait point expliquer.

Les Tourangeaux les appelaient « pierres de foudre », et les savants « céraunies », d'un mot grec signifiant « fondre » ; ces pierres, semblables à des haches, qui paraissaient fondues et moulées, étaient tout simplement des créations de l'homme préhistorique, chose que l'on ne pouvait alors imaginer. Comment penser, au XIXe siècle, qu'un homme primitif ait pu, à partir d'un simple bloc de pierre, obtenir quelque chose d'aussi parfait ? La foudre tombant souvent aux mêmes endroits, on eut l'idée de s'en protéger en laissant ces pierres. On en a même introduit dans les constructions pour qu'elles soient épargnées. On peut voir une demeure du bourg du Grand-Pressigny (à moins de 100 mètres à l'ouest de la place) qui possède deux groupes de cinq livres de beurre artistiquement disposées au-dessus d'une fenêtre et d'une porte : trois en éventail et deux horizontales. Au Prieuré, à Bossay-sur-Claise, une livre de beurre est scellée dans l'édicule du puits ; à Betz-le-Château, plusieurs sont disposées debout, cimentées dans le chaperon du mur d'une propriété proche du château. Entre Abilly et Le Grand-Pressigny, à La Claisière, nous rapporte J.-M. Rougé : « il y a des maisons de beurre » parce que les murs de ces maisons sont en partie construits avec des livres de beurre.

LES EMPREINTES DE PAS
DE SAINT MARTIN

M'en voudrait-on beaucoup si j'écrivais que saint Martin est le plus grand iconoclaste de l'histoire tourangelle et que l'on doit sans doute à son zèle non seulement la destruction de temples celtes, mais celle de mégalithes auxquels étaient alors attachés des cultes et des croyances. Dufour, celtisant distingué pour l'époque, ne disait-il pas en 1812, dans son *Dictionnaire... des trois arrondissements... d'Indre-et-Loire* : « Saint Martin dans ses excursions à la tête d'une troupe de moines renversa bien en majeure partie tous les monuments du culte druidique. » Une preuve de cette volonté systématique de renverser les idoles et les temples et de briser les arbres et les rochers sacrés nous est fournie par l'association fréquente entre le nom du saint, voire celui d'autres saints comme Brice, Paul ou Lazare, et un mégalithe ou un rocher.

Le plus étrange est que le nom du saint soit attaché à des cavités, dépressions ou traces de polissage des rochers ou des mégalithes désignées comme des empreintes de son pas ou du sabot de sa mule (1). C'est d'abord une façon d'expliquer des traces parfois énigmatiques laissées par les païens. Mais en parlant de pas ou de sabots, la population a sans doute voulu garder la trace de son *passage*, de son *empreinte* sur le lieu même, ce qui, du même coup, sanctifiait à jamais le site. Il y a là un matériau pour l'étude psychologique et ethnographique des anciens Tourangeaux.

Citons les « Pierres du Pas de Saint-Martin », « du Cheval ou de la Mule de Saint-Martin » à Cinais, Continvoir, Saint-Epain (pierre désormais enfouie sous la chaussée de la route de Trogues) et Sublaines. Le saint aurait imprimé ses empreintes de pas (en fait, des cuvettes de polissage) et frappé de sa baguette (rainures de polissage) le polissoir fixe de Luzillé qui porte son nom. On voit de même l'empreinte de ses deux pieds sur la table

---

(1) On connaît en France, plus de 20 traces du même genre : « pas ou pied de la Mule, de l'Ane ou du Cheval de saint Martin » et même les « Fesses du Cheval de saint Martin » à Anovillers (Somme).

du dolmen de Thizay (deux groupes de cuvettes de polissage en éventail). A Continvoir, on a donné son nom à un dolmen qu'il aurait détruit ainsi qu'au menhir (ou borne milliaire) de Brèches situé en bordure de la voie romaine de Tours au Mans et de l'actuelle route de Sonzay (à 750 mètres au sud-est du bourg). Le préhistorien Gérard Cordier a rappelé, en 1984, que la Pierre Saint-Martin de Brèches recevait encore « il y a peu d'années des offrandes diverses : pièces de monnaie, pain, fruits, fromage... Des monnaies étaient aussi déposées dans les cavités de la Pierre du Pas de la Mule de Saint-Martin à Sublaines » (en bordure de la route de Bléré à Loches, près de l'étang de Villaine, à 1,700 kilomètre au nord du bourg). Partout où est ainsi attaché le nom de saint Martin à des pierres ou à des sources, on peut supposer que l'on se trouve sur un ancien lieu de culte gaulois, ou antérieur, voire même à l'emplacement d'un oppidum ; c'est le cas pour le camp dit « des Romains » à Cinais (en fait probablement du Halstatt) où se trouvent un menhir et des alignements de pierres dressées ; il en est de même pour l'oppidum du Mont-Beuvray près d'Autun où l'on trouvait un « Pas-de-l'Ane » (lié au passage du saint) et une fontaine Saint-Martin. Cette sanctification de mégalithes, de pierres ou de rochers, objets vraisemblables de cultes à la période gauloise, s'est aussi faite en leur attachant le nom d'autres saints, comme Urbain au menhir de Rillé, Lazare au dolmen de L'Ile-Bouchard et à une pierre de Saint-Christophe-sur-le-Nais, Aubin à Genillé, Paul à Chambourg et Ligré (une rangée d'énormes blocs siliceux entourant l'ancien tumulus des « Roches Saint-Paul ») et enfin Brice à Cléré.

Le « Pas de saint Brice », en bordure de la route entre Cléré et Savigné, est un bloc à cupules où, selon la tradition, « l'eau ne tarit jamais ». De nos jours, il n'y a plus qu'un modeste rocher de grès posé à même le sol, avec des alvéoles naturelles. Le lieu a perdu, pour les archéologues, beaucoup d'intérêt dans la mesure où la pierre cassée n'occupe plus sa place primitive. Elle a visiblement été déposée au centre du carrefour des deux chemins, non loin de la route, parce qu'à son emplacement premier, elle devait gêner un agriculteur. Notre civilisation matérialiste respecte peu les pierres dans les champs, avec ou sans empreintes de saints. Or de tels blocs peuvent cor-

dolmen de Thizay

cuvettes
de polissage

Chapelle
Notre-Dame
du Chêne

respondre à d'anciennes tombes préhistoriques ou protohistoriques en coffre, à des menhirs, à des alignements de l'Age du Bronze, etc.

DES VIERGES TETUES

La Touraine n'échappe pas à une règle générale sur le territoire de l'ancienne Gaule : certaines Vierges rurales ont un long passé d'entêtement. Comment cela ? Trouvées fortuitement, souvent dans un arbre ou une source, d'humbles statues en bois de Bonne Dame, pieusement amenées dans un sanctuaire, sont nuitamment revenues là où on les avait trouvées et parfois plusieurs fois de suite. Pourquoi ce manque de reconnaissance ? Pour que l'on exécute leur volonté : la construction d'une chapelle à l'endroit de leur découverte.

Sur le territoire de Beaumont-Village, on peut voir dans les bois de Beaumont (non loin de la route de Montrésor) la chapelle Notre-Dame-du-Chêne qui a pris la place d'un oratoire édifié pour abriter une Vierge en bois trouvée au pied d'un chêne. Apportée d'abord à l'église de Montrésor, la statue est revenue d'elle-même à son arbre. A nouveau transportée très solennellement à Montrésor, elle retourna pendant la nuit à son vieux chêne. On lui construisit alors sur place un oratoire décrit au XVIIIᵉ siècle comme une « niche dans un pilier en terre ».

A Beautertre (Mouzay), la tradition dit qu'une tête de Vierge sculptée miraculeusement dans un coudrier fut nuitamment trouvée par un pâtre, aux alentours d'une petite fontaine où l'on venait guérir des fièvres et du mal de dents. Tant qu'elle fut près de la source, la statue fut vénérée par les pèlerins ; mais sa renommée devint telle que les chanoines de Loches s'en emparèrent pour détourner ses miracles à l'avantage de leur collégiale. Ils l'emportèrent à Saint-Ours, mais la Vierge, dit-on, revint d'elle-même à la source où fut donc construite une chapelle.

Au nord de Château-Renault, à Villethiou (commune de Saint-Amand-de-Vendôme), un pâtre trouva une statue de Notre-Dame dans la fontaine de la Coudre. Portée en l'église voisine, la statue revint d'elle-même à la fontaine. Transportée d'église en église, elle s'obstina à revenir à la fontaine : c'était en ce lieu même qu'elle voulait être honorée. On lui édifia une chapelle, et un pèlerinage s'y déroule désormais tous les 8 septembre ; cette Vierge est invoquée pour la guérison de tous les maux.

Si on ne leur obéit pas, de telles Vierges peuvent même devenir méchantes ; les déesses gauloises, dont elles sont peut-être le souvenir, auraient été beaucoup moins douces que les saintes de la chrétienté. Le grand folkloriste de la Sologne B. Edeine rapporte qu'à Pierrefitte-sur-Sauldre, la Bonne-Dame, dite du Miracle, fut trouvée grâce à un bœuf. Ce dernier ne mangeait pas mais grossissait en lèchant une pierre dressée dans le pré (un menhir), près d'une fontaine (certains disent dans la Fontaine Blanche). Un second bœuf mangeait mais maigrissait... Sous la pierre, leur maître trouva une statue de la Vierge. Elle fut transportée à la ferme du Surgy. Les habitants y furent alors affligés des plus grands malheurs. Une autre version dit que, placée dans l'église, la statue revenait prendre sa place toutes les nuits. Elle fut donc remise à l'endroit où elle fut trouvée et on lui édifia une chapelle. Ses vitraux furent brisés dès le lendemain de leur pose ; on les a maintes fois remplacés, mais en vain ; ils sont encore cassés aujourd'hui. Notons au passage l'étonnante parenté entre cette légende et celle de la fondation de la chapelle de Beauchêne à Cérizay (Deux-Sèvres) où l'on retrouve l'épisode des deux bœufs : celui qui demeure en bonne santé se contente de lécher un chêne où se trouve une statuette de la Vierge.

La tradition des statues de la Vierge trouvées dans une source ou un arbre peut avoir des fondements authentiques. On ne peut s'empêcher de penser à des images gauloises ou païennes des déesses des eaux ou des arbres, retrouvées et prises pour la représentation de la Vierge. La description par J.-M. Rougé (1943, p. 107) de la statue de la Vierge de Beautertre évoque celle d'un ex-voto identique à ceux trouvés dans les sources de la Seine ou de Chamalières : « une simple tête sculptée, peut-être... elle n'a ni corps, ni jambes, ni bras, on la revêt cependant d'un habillement qui est soit ordinaire, soit extraordinaire, suivant les fêtes, les jours de la semaine ou les dimanches ». En fait, la réalité est autre. Quoique très dégradée par les ans et par de mauvaises conditions de conservation, la Vierge de Beautertre, depuis des siècles à Saint-Ours, est sculptée sur un petit tronc de bois. Elle date du début du XIVe siècle ; elle porte l'enfant Jésus sur un genou et semble donc avoir eu, à l'origine, tous ses membres. Comme jadis on ne la trouvait pas belle, elle avait été habillée d'un manteau doré et, sur sa tête enduite de cire, on avait appliqué une tête postiche : celle que doit évoquer J.-M. ROUGÉ, mais qui ne mesure que quelques centimètres et qui, non vermoulue, est certainement plus récente. Sur la statue sont enfoncés des clous qui permettaient sans doute de tenir les vêtements.

Les traditions de retour au point de découverte se retrouvent dans la France entière mais semblent ne concerner que des statues de la Vierge avec ou sans enfant. A Brezons (Cantal), on trouva un statue dans une grotte ; plusieurs fois les habitants voulurent la transporter dans leur église ; chaque fois, la nuit, elle délaissait la chapelle qui lui était consacrée et, le lendemain matin, la Vierge du Rocher était aperçue dans sa grotte. On peut imaginer que des tenants des anciens dieux (donc au Haut-Moyen Age) ont pu ramener l'idole vers la source ou l'arbre sacré. Seule une christianisation du site par une chapelle, au départ sommaire, a pu permettre de lutter contre la survivance de cultes encore dénoncés dans les canons de l'église en pleine période carolingienne (au IXe siècle).

On trouve cependant des cas de Vierges s'entêtant à revenir au lieu de leur découverte à des époques où il n'y a plus de cultes païens, à moins qu'il ne s'agisse d'une fixation, à une époque moderne, de faits largement antérieurs. On raconte, par exemple, qu'en 1633 une statue de la Vierge fut trouvée au milieu d'un mur dans une maison en reconstruction de Sainte-Maure. Transportée à l'église, elle revint dès le lendemain à son lieu de découverte, et une seconde tentative aboutit au même résultat jusqu'à ce que l'on construise sur place la chapelle dédiée à Notre-Dame-des-Miracles ou Notre-Dame-des-Vertus.

MYTHOLOGIES DE LA BATAILLE DE 732

Tout le monde sait que Charles Martel a vaincu les Arabes d'Abd-er-Rahman (en fait les berbères) à... Stop ! Vous alliez commettre une erreur historique ou une erreur politique... Historique parce qu'aucun texte de l'époque ne cite le lieu de la bataille, politique parce que vous alliez vous faire des ennemis soit chez les Poitevins en affirmant que la bataille avait eu lieu près de Tours, soit chez les Tourangeaux en évoquant la « bataille de Poitiers ». Inutile de vous dire que je vais les avoir tous contre moi en rappelant que *rien* ne permet de localiser la bataille malgré tous les livres et articles écrits sur le sujet et les précisions apportées chaque année ! On croit rêver lorsqu'on reprend le « dossier ».

Notre but n'est pas ici de faire de la peine à quiconque mais de montrer qu'on est en pleine mythologie. En voulez-vous un exemple pris avec prudence chez les Poitevins ? Dans « *Châtellerault et sa région* » (Poitiers, 1979), J. Pineau parle du site poitevin supposé de la bataille de 732 (Moussais-la-Bataille) : « *Les environs de la ferme de " La Bataille " passent pour maudits. Nul n'ose y construire. " Le vent de la mort " souffle chaque samedi d'octobre* (date de la bataille),*souvent en tornade. Bêtes et gens sont alors, dit-on, atteints d'arthroses incurables et les automobilistes, frappés de malédictions, se tuent dans des accidents effrayants.* »

La seule certitude que nous ayons, c'est qu'après avoir brûlé Saint-Hilaire de Poitiers, les troupes d'Abd-er-Rahman se dirigèrent vers Tours pour piller Saint-Martin, mais furent défaites par Charles Martel en un lieu non identifié entre les deux villes. J'entends déjà, à ce stade, les protestations de ceux qui auront lu l'*Histoire de la Touraine* de Chalmel (1818) ou les *Promenades Pittoresques...* de Mgr Chevalier (1869) et qui ont appris que Tours avait été pillée par les Sarrasins. En 1823, un militaire ramena d'Espagne un texte qui traduisait, dit-on, un manuscrit arabe de l'époque de la bataille... C'était un faux mais qui entraîna l'erreur d'historiens tourangeaux et eut pour conséquence indirecte d'asseoir l'hypothèse poitevine. On y trouvait que l'avant-garde arabe s'était avancée jusqu'à « Sénonne » ou « Sannone » dont on a fait « Cenon », près du Vieux-Poitiers, au confluent du Clain et de la Vienne, alors que le faux se référait vraisemblablement à l'une des chroniques disant qu'en 731, les Arabes auraient poussé jusqu'à Sens (« pays des Sénones »). En 1685,

A Luzillé, des moissonneurs dormaient à l'ombre des gerbes qu'ils venaient de mettre en tas. Le bruit d'un homme qui passait les éveilla. Penauds d'avoir été surpris, ils l'interpellèrent : "Tu ferais bien de nous aider à monter les gerbes dans le chariot, grand propre à rien!" ... "Tu ne sais rien faire sans doute"... Sur ce, l'homme qui tenait une baguette de coudrier fit un signe et les gerbes se placèrent d'elles-mêmes sur le char! Les moissonneurs stupéfaits reconnurent saint Martin. Or une dernière gerbe demeurait au sol ; Martin la frappa cinq fois de sa baguette et elle se changea en une pierre marquée de cinq entailles ; et le thaumaturge de déclarer : "Cette pierre restera ici le témoignage de votre incrédulité et de mon passage parmi vous". C'est ainsi que la légende explique "la pierre Saint-Martin" : un polissoir fixe de 0,70 m de haut, où l'on peut voir cinq rainures, trois cuvettes et deux plages de polissage (Cl. M. Magat).

*Grand saint Christophe en plâtre du XVIIIe
siècle dans l'église du village du même nom.
Sur cette photographie prise par L. Bousrez,
au tout début du siècle, on ne remarque ni
graffiti sur le mur, ni cupules creusées dans
le genou gauche, preuves du caractère
contemporain du culte populaire voué au
saint (Cl. Bousrez / S.A.T.).*

dans une notice sur l'abbaye de Saint-Julien, on parle déjà du pillage de l'abbaye par les musulmans.

Tout ce qui se rapporte à une bataille près de Poitiers semble, d'après Lhuillier (*La Touraine Républicaine*, du 15 mars 1927), remonter à un ajout, fait après 904, par un moine de Metz qui recopiait le manuscrit de la chronique de Liège (de 735). Il aurait ajouté de son cru (et ce doit être aisé à vérifier) « *juxta civitatem Pictavam* » (« près de la ville de Poitiers ») après la phrase : « le Prince Charles concentre son armée... ». Il est symptomatique qu'aucun écrit du VIIIᵉ siècle (l'anonyme de Cordoue, la chronique de Liège, la chronique de Moissac) ne situe à Poitiers la fameuse victoire et que, bien entendu, malgré les légendes, on n'a jamais trouvé, à Moussais-la-Bataille ou Cenon, la moindre preuve archéologique : d'authentiques armes arabes. Les débris d'armes mérovingiennes ou carolingiennes ne constituent pas une preuve.

Alors, direz-vous, la bataille s'est déroulée près de Tours ? Nous savons que la tradition d'une bataille de Tours remonte au moins au XVᵉ siècle, mais l'habitude de la situer à Ballan est plus récente. On la trouve chez René Carreau (*Histoire du Pays et Duché de Touraine*, vers 1690), et Mgr Chevalier parle, en 1869, de la « *victoire de Ballan* ». Il semble qu'on ait fait par la suite un audacieux rapprochement entre le lieu de la bataille cité par plusieurs chroniques arabes sous le nom de « *Balat-echch'hda* » : le « pavé des martyrs », et le nom mérovingien de Ballan : « *Balatedo* » dans Grégoire de Tours et « *Balatetone vico* » sur une pièce de monnaie mérovingienne. Le mot « pavé » a fait penser à la voie romaine Poitiers-Tours qui passe à Ballan où certains veulent situer la bataille au point qu'une masse d'armes figure dans le blason de la commune depuis 1918. Les toponymes comme les « Landes de Charlemagne » et le « Château de Charlemagne » (nom qui apparaît en 1530) sont manifestement récents ; du moins, ils ne remontent pas, pour l'instant, au-delà du XVIᵉ siècle. Ils n'ont aucune valeur puisque nous savons, par expérience, qu'en Touraine, de nombreux sites ou monuments sont rattachés à des noms célèbres ou attribués à de grands hommes ; ainsi les camps et les greniers « de César »... Et pourquoi voudrait-on qu'un site attribué à Charlemagne désigne en fait son grand-père ? L'archéologie est formelle : on n'a jamais trouvé d'armes arabes en Touraine. J. Maurice cite des trouvailles d'armes au Coudray, près des Landes de Charlemagne, mais personne ne les a vues et encore moins étudiées.

Vaines querelles, me direz-vous ? Pas vraiment. Elles montrent que lorsqu'il n'a pas de preuves d'un fait quelconque, l'homme s'en fabrique inconsciemment au cours des âges et que le merveilleux l'anime constamment. La science, seule apte à trancher, est pour l'instant hors du débat. Mais les excès sont tels qu'on en arrive à de curieuses démarches : contentons-nous là encore, par sécurité, d'un exemple poitevin. A Cenon, en 1926, on a découvert un sarcophage dont on a tout de suite dit localement qu'il contenait les restes d'Abd-er-Rahman ; il a été remis en terre en un lieu voisin portant le nom de « Fosse au Roi » où furent trouvés des sarcophages mérovingiens, mais où la tradition situe la tombe des chefs arabes morts dans la bataille. L'inhumation s'est faite en présence de notables marocains venus assister à la cérémonie ; des pierres et une banderole blanche avec croissant et étoile ont marqué, durant un certain temps, cet emplacement.

LE VERON : PAYS DE BEDOUINS

Triangle de confluence entre la Vienne et la Loire, contrée longtemps isolée, le Véron est un des plus petits pays de Touraine et aussi l'un des plus intéressants. Il est riche de traditions diverses et très conservateur, ce qui lui vaut de posséder le plus beau bocage de la Touraine.

C'est aussi un pays qui resta longtemps mystérieux, dont les habitants se disent eux-mêmes descendants de bédouins. Une tradition orale dit en effet que le peuplement remonte aux prisonniers faits par Charles Martel après sa victoire de 732 sur les troupes d'Abd-er-Rahman. Selon les cas, on raconte que les Sarrasins auraient été internés en Véron ou que, coincés entre Indre et Cher après la bataille de Tours, ils se seraient enfuis vers l'ouest et réfugiés dans ce pays marécageux et isolé, fermé à l'ouest par la confluence de la Loire et de la Vienne. Une autre tradition dit que ces anciens soldats, manquant de femmes, auraient fait une razzia nautique : traversant la Loire, ils auraient débarqué à Chouzé pour enlever des compagnes. D'où, en 1955, le baptème du « quai des Sarrasins » au cours d'une fête organisée par... les anciens élèves du lycée Descartes de Tours.

De tout cela, il n'existe bien entendu aucune preuve tangible : historique, archéologique ou anthropologique. Les uns défendent la tradition, les autres la condamnent, mais tous sont d'accord pour relever deux faits :

— Les Véronais ont longtemps gardé un type physique particulier qui tend à s'estomper avec les mélanges de population : alors qu'il y a quarante ans les habitants sortaient peu de leur pays et se mariaient communément entre eux. Certains présentent encore un teint basané et des cheveux noirs ; on remarque, chez les femmes, les prunelles sombres tranchant sur le blanc de porcelaine de leurs yeux. Cependant, on rencontre tantôt de grands individus, osseux, aux pommettes saillantes, tantôt des individus de taille assez petite, plus en chair, à nez plus large et à sourcils épais et foncés.

— On a noté l'importance des noms « Mureau » ou « Moreau », consécration ancienne d'un type à peau assez brune. On comptait, en 1947, 95 « Mureau » sur 825 habitants à Savigny et, en 1977, 70 sur 1 005. Une étude des groupes sanguins ne permet en rien d'évoquer une ascendance arabe dont la tradition remonte, pour certains, à l'abbé C. Chevalier (*Promenades pittoresques en Touraine*, 1869) et au Docteur F.E. Foderé (1821). En fait les recherches de M. Hubert (1977) ont montré que la tradition existe, au XVIIIe siècle, dans « *Mon odyssée* » de Pierre Honoré Robbé de Beauveset :

> Déjà nous faisons notre entrée
> Dans cette riante contrée
> Où le sol a, des Tourangeaux
> Toujours fécondé les travaux,
> Pays où l'Afriquain barbare
> Désira finir son séjour
> Quand Martel en fit au Tartare
> Descendre cent mille en un jour.

L'allusion de l'auteur ne s'applique pas obligatoirement au Véron : elle peut concerner un autre site à tradition de peuplement maure : Faye-la-Vineuse par exemple.

G. Latourette, curé de Savigny-en-Véron de 1816 à 1837, a bien noté dans son poème *Description du pays Verronais* (1827) les particularités de la population du bas Véron, plus isolé, mais jamais il n'a évoqué une origine arabe :

... Son vice dominant est l'esprit rapineur
... Son teint roux, basané, déplaît par sa laideur

La science possède désormais des marqueurs sanguins exceptionnels (1) qui permettraient, si l'on avait des doutes, de savoir sans problème si la population a des ascendances arabes et berbères (les cavaliers d'Abd-er-Rahman devaient être berbères). Faute de découvertes archéologiques, on ne peut rien dire, sinon qu'il pourrait y avoir eu un isolat ethnique fort ancien (pré-celte par exemple) dans un pays longtemps replié sur lui-même et qu'isolent presque complètement les crues. Il aurait pu se maintenir très longtemps. Une tradition identique de descendance arabe survit dans le Poitou, dans des lieux beaucoup plus ouverts comme Saint-Georges-les-Baillargeaux ou Jaunay-Clan dans la Vienne.

LE MYTHE DES SOUTERRAINS EN 1989

Imagineriez-vous qu'en 1989 il y a encore des Tourangeaux pour affirmer sans hésitation qu'un souterrain va du donjon de Montrichard à celui de Loches distant de 28 kilomètres, qu'un autre va du château des Bordes, commune du Petit-Pressigny, à Loches situé à 23,600 kilomètres, ou qu'un troisième va de Loches à Châtillon ? Comme Loches, le monastère de Marmoutier est, selon la tradition, relié par souterrains à de nombreux points : à la cathédrale de Tours en passant sous la Loire, à l'ancienne

---

(1)) La surface des globules rouges est un carrelage et chaque carreau est un marqueur qui peut mettre sur la voie des groupes sanguins dont les proportions sont différentes d'une population à une autre.

église des Jacobins à Tours où se trouve « un escalier secret », au souterrain qui s'amorce dans le rempart romain derrière les Archives Départementales, à Rochecorbon, etc. Dès qu'il y a départ d'un boyau ou porte murée, on voit bien que la tradition locale suggère un point d'arrivée mais en général toujours du même type : lointain et un lieu historique où vivaient les puissants de jadis. Nous pourrions citer d'innombrables exemples : « Il y a à Beaulieu-lès-Loches des souterrains sous la rivière qui vont ''bain loin, bain loin, tout rabas Fertay où qui y avait une commanderie de Templiers '' » (J.-M. Rougé, la « Nouvelle République » du 9 juin 1948). La dalle d'un tombeau sous l'autel de l'église des Essards mènerait à Saint-Patrice... Vous avez sans doute entendu parler de faits analogues, mais dès qu'on pousse un peu l'enquête, dans les campagnes en particulier, on demeure saisi par la prolifération de ces souterrains.

Les souterrains sont des galeries creusées par l'homme, qui s'enfoncent sous terre et dont certaines ont une sortie distincte de l'entrée. A la décharge de nos concitoyens, il faut dire que notre tuffeau est si facile à creuser et suffisamment résistant, qu'il y a un peu partout des demeures troglodytiques, des caves et des carrières souterraines. On rencontre par ailleurs, dans nos craies et nos calcaires, de nombreux boyaux ou cavités karstiques dus à la nature, à l'érosion chimique des calcaires au cours des âges. Assez souvent le sous-sol s'effondre du fait de ces cavités mesurant parfois plusieurs mètres de profondeur et quelques mètres carrés. L'homme, toujours attiré par une vieille cave ou une carrière éboulée et qui, dans le passé, ignorait complètement qu'il y avait des galeries naturelles, la reliait immédiatement avec sa cave ou avec la carrière voisine ; voilà qu'un « souterrain » démarrait qui allait grandir au cours des générations. Imaginez que 500 mètres plus loin se produise, quarante ans plus tard, un autre effondrement naturel, le souterrain consacré par la tradition voyait sa direction précisée et son tracé augmenté de 500 mètres et ainsi de suite au cours des âges. Mais que, de nos jours, on prenne pour argent comptant ce legs de la tradition au point d'affirmer sans la moindre preuve que tels villages, couvents ou vieux monuments sont reliés par un souterrain parfois de plus d'une dizaine de kilomètres, c'en est trop ! Il y a, de même, de véritables souterrains partant de châteaux forts dont on peut connaître le départ. Mais partant de ces faits bien réels, l'imagination populaire s'est donnée libre cours ; elle a créé et développé une véritable mythologie. On relie ainsi Beaumont-en-Véron au château de Chinon par les caves Vaslins, Chinon à Saumur, à La Roche-Clermault, La Vallière (à Reugny) à Amboise, Tressort (à Dolus) à Reignac, etc.

Il faut garder la tête froide. Quels sont les types de souterrains creusés par l'homme en Touraine ? Ce sont les souterrains-refuges, les carrières souvent réaménagées en caves, les habitats troglodytiques et les souterrains de fuite. S'il y a des souterrains partant de châteaux forts ou de manoirs pour échapper aux attaques, ce sont des boyaux de sortie de petite taille, qui ne mesurent que quelques centaines de mètres au maximum. C'est leur départ et leur arrivée qui étaient particulièrement étudiés. On sait qu'il en existe un à Betz-le-Château et un autre à La Roche-de-Gennes (commune de Vou) qui permettait d'atteindre un creux de la vallée de la Ligoire ; c'est un souterrain de ce type qui permit la fuite des protestants du château assiégé du Châtellier à Paulmy. Ils partent souvent d'un puits, ce qui impressionne ceux qui, plus tard, en retrouvent l'entrée. Ainsi naquit la tradition disant que le souterrain partant du pied de la butte de Rillé, qui est une motte probable, ressortait au Grand-Pin, sur Channay-sur-Lathan, à 2,200 kilomètres, parce qu'on retrouva dans le puits de cette demeure le départ d'un souterrain.

Les souterrains-refuges étaient faits pour abriter des populations en période de troubles (cf. l'article : « Des refuges sous la terre »). Ils sont toujours assez étroits, bien caractérisés (avec des logements, des silos et des moyens de protection) ; au total, ils ne sont jamais très longs et, en tout cas, leur longeur ne se développe pas de façon linéaire.

Ce sont les anciennes carrières qui constituent les souterrains les plus longs ; la longueur des galeries mises bout à bout est parfois impressionnante, plusieurs kilomètres dans certains cas et 15 pour celles de l'Ecorcheveau à Saint-Avertin. Mais, de par leur nature, ces souterrains-là ne vont guère d'un point à un autre. On dit cependant, en Anjou, qu'avant les bombardements de la guerre on pouvait aller de Souzay à Saumur sous terre par les carrières, soit une distance de 6 kilomètres. Pour y avoir circulé nous-mêmes en voiture sur une distance linéaire de plus d'un kilomètre, en utilisant une entrée et en ressortant par une autre, nous admettons que c'est un cas impressionnant, mais sans doute exceptionnel. Il fallait probablement, pour faire ce périple avant les destructions de la guerre, sortir de terre avant d'y entrer à nouveau. Nous avions découvert ces souterrains au cours d'un vol en avion, en 1979, en voyant une voiture jaune des Postes rentrer sous terre et aller porter le courrier à une demeure située beaucoup plus loin dans une zone effondrée ; nous vîmes le facteur donner un pli à une femme, et c'est par ce même facteur que nous apprîmes plus tard que deux personnes vivaient alors sous terre à Souzay. Hélas, d'année en année, la champignonnière de Souzay bouche les galeries avec ses déchets.

En réalisant le « Dictionnaire de Touraine », nous avons procédé à des enquêtes sur tel ou tel souterrain qu'on nous signalait. Nous nous sommes aperçus que, souvent, l'entrée d'une quelconque galerie ou un effondrement était à l'origine de la tradition et que c'est parce qu'il était éboulé que l'imagination courait. Si l'on se contente de demander : « Y avez-vous pénétré ? », la réponse est souvent positive, mais si vous faites préciser le lieu de sortie ou l'importance du périple effectué, on vous dit presque toujours : « Je n'ai pas pu aller plus loin car c'était effondré », et parfois : « C'est mon grand-père qui y est allé. » On est en présence d'un processus analogue aux déformations par le bouche-à-oreille d'un fait qui peut être au départ anodin, voire extérieur au sujet. Le fait grossit peu à peu en se déformant comme les rumeurs ou en s'allongeant comme les plus belles prises des pêcheurs.

Pour expliquer la naissance de ces mythes, il faut prendre en compte les enchaînements psychologiques, les erreurs accidentelles reprises de bonne foi, les mauvaises interprétations de ce qu'avait dit une autorité en la matière, voire les déclarations d'une personne considérée à tort comme experte. Ainsi, par exemple, pourquoi un souterrain entre Loches et Montrichard ? Sans doute parce que c'est le même grand constructeur, Foulques Nerra, qui a bâti les deux donjons primitifs. Pour le Tourangeau qui a toujours aimé l'histoire, Foulques est un personnage légendaire. En imaginant qu'il reliait ses châteaux par des souterrains, on a accru son prestige et donné à sa gloire un supplément de mystère. Homme calme en façade, le Tourangeau est susceptible de passions brutales, sans doute pour rompre avec la monotonie d'une vie placide. Beaucoup n'en restent qu'au stade de l'imaginaire et, en matière de souterrains, l'imaginaire a, dans nos contrées, tous les aliments souhaités.

Bien des personnes ont participé à cette mythologie, y compris les journalistes. Nous songeons à un article de la « Touraine Républicaine » du 2 mars 1927, intitulé : « Le mystère des souterrains » où le Docteur Raoul-Leclerc montre... qu'il n'y a pas de mystère.

Les souterrains, c'est encore le royaume des ténèbres, le monde maléfique appartenant aux démons, le domaine du surnaturel et le refuge des hors-la-loi. De là les légendes qu'ils suscitent où il est souvent question de trésors. Ainsi y aurait-il un souterrain avec un trésor allant de l'église de Bueil au château de la Roche-Racan à Saint-Paterne. Dans les caves de la Barre à Mazières (en face du moulin de Cutaison), se trouvent, dit-on, des tonneaux pleins d'or.

Combien de Tourangeaux ont fouillé au fond d'une cave ou d'un boyau, parfois des années, à la recherche de très hypothétiques trésors ! Il y en avait un sous le Château-Robin (cf. l'article à ce nom), gardé par un démon. On raconte que, pour y accéder, il fallait franchir un ruisseau et monter un escalier jusqu'à une salle reculée... ce qui correspondait en partie à la descriptions des souterrains-refuges situés sous la butte. D'après la tradition, les souterrains de Boufféré, au Grand-Pressigny, rejoignaient le puits de l'Epinette à 700 mètres de là ! Malardier (1876) écrit que cet ensemble fortifié aurait donné asile à une troupe de bandits qui rançonnaient les voyageurs au passage et qu'on y trouverait même une salle spacieuse dans laquelle existe une table garnie de cuillères sur lesquelles personne n'a jamais osé porter la main... Cette fois, nous dépassons le merveilleux pour en arriver à l'étrange et au mystère que l'article suivant illustre à souhait.

18

La Touraine
de l'étrange

UN GEANT DANS LES SOUTERRAINS DE LOCHES

Ceci est une illustration de l'attrait des souterrains sur l'homme et des déformations subies par les récits successifs d'un même fait. En 1544, paraissait à Bâle ce qui allait devenir un best-seller un siècle durant : « La Cosmographie Universelle recueillie de chaque bon auteur »... rédigée par Sébastien Munster à partir du fonds littéraire de l'époque et d'histoires de l'Antiquité déjà largement déformées par les multiples copies faites au Moyen Age. L'ouvrage connut 46 éditions en 6 langues dans le siècle qui suivit sa publication, et Belleforest, qui le reprit en 1575 dans sa « *Cosmographie Universelle* », y ajouta des textes sur la Gaule et, parmi eux, sur la Touraine. Dans les lignes écrites sur notre province, cet auteur rapporte une singulière découverte faite en 1500 par François de Pontbriand, récent gouverneur de Loches, qui voulut visiter tous les souterrains du château et qui demanda à des serruriers de lui ouvrir des portes condamnées depuis longtemps. Ce texte savoureux doit vous être communiqué en vieux français et nous attirons votre attention sur les deux premières phrases éclairant la façon dont s'est transmise l'histoire : c'est quelqu'un qui la tient d'un autre qui a connu quelqu'un qui l'a vécue, etc.

Le seigneur Gruget dit avoir ouy dire à un bourgeois de Loches chose que lui-même avait veue, qui est telle... et le capitaine commanda au bourgeois allégué par Gruget (duquel je suys marry qu'il n'a dit le nom) d'aporter une torche... et marchèrent bien avant sous le château par ces ouvertures, jusqu'à ce qu'ils trouvèrent un huys de fer auquel il y eut de la difficulté à l'ouvrir, et icelui défermé, on veit une longue allée taillée dedans le rocher qui les conduit jusques dedans une chambre carrée, et icelle

*faite dans la roche ; et au bout d'icelle on veit un homme assis
et de stature merveilleuse et surpassant la proportion des plus
grands hommes de nostre aage, comme celuy qui, eu égard à la
proportion de ses ossements venoit à quelques huict grands pieds
de hauteur, et estoit assis sur une grande pierre tenant sa teste
appuyée contre ses deux mains, comme s'il eut dormy. Mais dès
aussi tost que l'air eut touché ce corps, il s'en alla en cendres,
sauf la teste, que plusieurs manièrent [1], comme aussi on veit
les costes et autres ossements qui faisoyent assez foy de la monstéreuse grandeur de cest homme, près lequel on trouva un coffret
de boys qui fut ouvert, et en iceluy estoit quelque quantité de
linge fort blanc et bien ployé ; mais dès incontinent qu'on y
toucha, il s'en alla en cendres. La teste et costes de ce géant ont
esté longuement en l'église de Notre-Dame affin que chacun en
eust la veue. Je pense que cest homme si grand estoit là dès le
temps des Danois, desquels on sçait y en avoir eu de grandeur
monstéreuse.*

Qu'en penser ? Certes, les Danois étaient de grande taille,
mais 2,60 mètres n'est quand même pas une taille crédible, et ils
sont arrivés par la Loire au début du Xe siècle... N'a-t-on pas ici à
la fois les ingrédients du récit merveilleux et de l'intrigue
policière ?

DES OS DANS LES PAROIS DES GROTTES

Dans les vignes de Crouzilles et de Panzoult, on peut voir de
curieuses loges de vigne anciennes à toit de pierres sèches, anté-
rieures au XIXe siècle. On les appelle des grottes, peut-être parce
que la mode remonte au XVIe siècle, époque où l'on construisait
des grottes dans les jardins : amoncellements de blocs d'allure
naturelle sous lesquels on aménageait parfois des caves à
provisions.

---

(1) C'est une tradition qui demeura bien ancrée à Loches car, lorsqu'on
exhuma Agnès Sorel en présence de Mérimée, ce dernier rapporta que
« ses ossements furent dispersés, [que] le conservateur cassa le crâne
avec sa botte et recueillit les dents pour en faire don à ses amis ».

De plan rectangulaire, ces grottes ne possèdent qu'une porte, une cheminée d'angle et une « bouinotte » (ouverture non vitrée) en guise de fenêtre. De l'extérieur, leur toit se présente comme une coupole en encorbellement en dalles de calcaire. En fait, les pierres reposent sur de solides poutres visibles à l'intérieur. On peut en voir de fort belles dans le vignoble de Panzoult (au sud de la ferme du Parc de Roncé) et dans celui du Puy-Livet, au nord-ouest du bourg de Crouzilles. Lorsqu'on approche, on voit dépasser des murs ce que l'on prend d'abord pour des pièces de bois. Ce sont de grands os manifestement pris dans le mur au moment de la construction : s'agirait-il de quelque coutume barbare ? Renseignement pris, ce sont des os de moutons ou de porcs, espacés horizontalement à 1,60 mètre du sol, ou fichés dans les assises d'angle mais alternés d'une face à l'autre. Les anciens, interrogés, pensent qu'ils étaient destinés à soutenir une treille et que l'os a une structure et une forme adéquates, à la fois pour être pris dans le mortier et pour résister, mieux que le bois, aux intempéries.

Colette Tessier, qui a enquêté pour nous auprès des personnes âgées du pays de la Claise, nous rapporte que c'était aussi « une manière rustique et astucieuse de planter des porte-manteaux dans sa loge de vigne ou dans quelque grange qui ne demandait pas qu'on fît les frais d'un meuble spécialement fabriqué pour cet usage ». Ce qui paraît insolite peut donc n'être qu'une parfaite adaptation au milieu et au moindre coût. Il me souvient d'avoir vu un lointain cousin de La Celle construire un escalier où il introduisait sur le côté, dans le ciment frais, de petites betteraves régulièrement espacées. A ma question, il répondit qu'après le décoffrage, il n'aurait pas à creuser des trous pour y loger les ferrures de la rampe...

LES COLLIERS VERDUN

On trouve assez souvent dans les vignes ou anciennes vignes du Bouchardais, en particulier à Cravant-les-Coteaux, d'énigmatiques fragments de ciment qui, lorsqu'ils sont entiers, semblent représenter un X aux jambes arquées figuré tantôt en caractère minuscule, tantôt en majuscule et s'inscrivant plus ou moins dans un carré. Les uns n'ont que 5 cm de côté, les plus grands ont 13 cm de côté et 3 cm d'épaisseur ; tous ont le mot « Verdun » imprimé en creux. Les vignerons au courant vous disent que ce sont des « croix de phylloxera ».

Lorsqu'un petit insecte voisin des pucerons, le phylloxera, arriva d'Amérique et s'attaqua au vignoble tourangeau à partir de 1882, ce fut une calamité qui entraîna la mort de la moitié des plantations. Des vignobles comme celui du Loudunais ou de Crissay - Saint-Epain ne s'en relevèrent point. L'abbé Verdun, curé de Pouligny-Saint-Pierre près du Blanc, dans l'Indre, imagina d'introduire des fragments de camphre, insecticide mis à la mode par Raspail et remède en vogue, dans des briquettes de ciment échancrées de façon à ceinturer deux à deux, à ras de terre, les pieds de vigne. Il comptait ainsi empêcher les insectes de monter dans les ceps, imprégner la terre et les faire fuir. Ce furent les « colliers antiphylloxériques » devenus rapidement les « colliers Verdun » dont on disait alors qu'ils allaient « *étrangler le phylloxera* ».

On peut lire dans le rapport que l'abbé envoya à la Société d'Agriculture de Châteauroux : « *l'odeur descend dans ses retraites les plus profondes, d'où l'impossibilité pour le phylloxera de vivre dans ces souterrains où il est si mal à l'aise, lui qui, bravant tout, y était jadis si heureux et si tranquille* ». Un style aussi naïf aurait dû rendre incrédules bien des utilisateurs potentiels, mais l'heure était grave. Un voisin, le vicomte de Poix, installa un atelier dans son château de Bénavent, puis dans une ferme, pour fabriquer les dits colliers. Il eût bientôt une trentaine d'ouvriers, et une ligne de chemin de fer aurait même, dit-on, relié la ferme à la gare pour les expéditions. Les collègues du curé de Pouligny lui firent de la publicité, en particulier l'abbé Bodin de Cravant qui devint, dans tout le secteur, un propagateur zélé de ce remède miracle. Remède dont on reconnut bientôt la totale inefficacité au point que l'abbé Bodin préconisa, dans une brochure de 1898, d'arroser régulièrement les ceps avec un mélange d'eau et de pétrole. On sait que la bête ne fut jugulée qu'avec le greffage de plants français sur des porte-greffes américains et par l'apparition d'hybrides. Le vicomte de Poix s'y

grotte
de Crouzilles

colliers Verdun

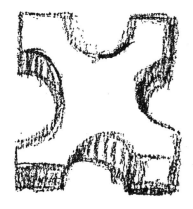 

ruina et après 1897, date de l'arrêt de la fabrication à Pouligny, des milliers de carrés de ciment serviront à paver la cour de la ferme ou à refaire les murs. Quant à l'efficacité du camphre en la matière... elle ne devait guère être plus grande que celle des sachets contenant du camphre portés autour du cou par les écoliers pendant l'épidémie de grippe espagnole en 1918...

UNE STATUE GEANTE
TOUJOURS VENEREE

L'église de Saint-Christophe-sur-le-Nais abrite une monumentale statue de saint Christophe dans son bas-côté nord. C'est une ronde-bosse de 4,40 mètres de haut, en plâtre peint, qui aurait été réalisée vers 1773 par un artisan de Neuvy-le-Roi. Elle a été repeinte en 1903 lorsque le bas-côté fut refait.

Lorsqu'on approche de la statue, on s'aperçoit que son genou gauche est creusé et piqué par des épingles, dont certaines restent en place, et que le mur est couvert d'inscriptions. Saint Christophe est en effet l'objet d'un culte qui demeure bien vivant malgré la suppression du pèlerinage (1). Ce saint, qui guérissait l'épilepsie, devint le protecteur des voyageurs mais on l'invoque aussi, comme tous les grands saints de pèlerinage, pour les préoccupations majeures de la vie : santé, amour et fertilité. Les filles désirant se marier dans l'année lui ont abîmé le genou gauche à force d'y planter des épingles pour appuyer, par un geste physique, l'expression de leur souhait. Manière inconsciemment cruelle de faire exaucer ses vœux ? On dit que les trous de la cuisse gauche ont été faits par des femmes en mal d'enfants. Il est probable que l'on a prélevé de la poudre de la statue pour l'ingérer avec de l'eau comme cela se fait encore à Bueil à partir de la poudre du coude de l'un des gisants féminins. En Sologne, on prenait en infusion de la terre du caveau de saint Viâtre

---

(1) Il y a une douzaine d'années, l'Eglise a supprimé le pèlerinage automobile, créé en 1932, pendant lequel le prêtre bénissait les voitures dans une prairie, au pied de l'Escotais.

et de la poussière recueillie sur les piliers de la crypte de l'église pour guérir des fièvres des marais. Un saint représenté de façon aussi impressionnante n'est-il pas mieux à même de résoudre les problèmes les plus préoccupants ?

La plupart des graffiti, écrits au crayon sur les murs blancs entourant la statue et pratiquement sur toute l'étendue du bas-côté, sont des suppliques. On y trouve aussi des ex-voto en marbre pour la période 1898-1923. La densité des graffiti est impressionnante ; malheureusement, le plâtre se décolle et certains disparaissent. On peut y lire l'histoire de la région depuis le début du siècle : « Mon bon saint Christophe, protégez la France... 1943 », « ... rendez-moi mon frère prisonnier, 1943 », « Merci à saint Christophe qui nous a protégés pendant le bombardement du 20 mai 1944 », « ... Protégez les trois frères partis volontaires (pour les F.F.I.) le 26 août 1944 », « Nous vous demandons le retour des soldats d'Algérie ». D'autres sont beaucoup plus personnels, voire intimes : « Mon dieu faites que ma femme ne soit pas aussi mauvaise », « ... aidez-moi à trouver un bon et gentil mari », « ... Je te demande de ne plus faire pipi au lit... ». Dans les derniers temps, la jeunesse y écrit volontiers, mais les examens sont devenus le souci dominant : on implore le saint pour le cerficat, le brevet, le bac, un C.A.P., un D.U.E.L., un P.C.E.M.I. Ce sont là d'émouvants témoignages (2) qu'il conviendrait de conserver.

---

(2) Par exemple : « Faites le bonheur de mon patron et de ses enfants. »

REMERCIEMENTS

Nous adressons nos remerciements à tous ceux qui, par leurs travaux ou les renseignements qu'ils nous fournirent, nous ont permis de rédiger certains articles :

P. Audin, M. et Mme Brechat, G. Cordier, P. Domec, R. Duguy, J. Feneant, P. Freon, M. Hubert, C. Lambert, B. Ledet, C. Lelong, S. Lelong, A. Lenoir, P. Leveel, La Nouvelle Republique, P. Nowacki-Breczewski, J.-M. Machefert, Maisons Paysannes de France, R. Mauny, J. Maurice, R. Parotin, J. Rioufreyt, A. Schule, J.-P. Surrault, C. Tessier, J. et L. Triolet.

table
des matières